25.555 DIAS NA ESTRADA

O que aprendi administrando empresas

MARIO PACHECO FERNANDES

São Paulo
2015

Editor: Fabio Humberg
Editora assistente: Cristina Bragato
Capa: Osires
Revisão: Humberto Grenes

Dados Internacionais de Catalogação na Publicação (CIP)
(Câmara Brasileira do Livro, SP, Brasil)

Fernandes, Mario Pacheco
25.555 dias na estrada : o que aprendi
administrando empresas / Mario Pacheco
Fernandes. -- São Paulo : CLA Editora, 2015.

Bibliografia
ISBN 978-85-854-65-4

1. Administração de empresas 2. Administradores
de empresas 3. Competência 4. Liderança 5. Sucesso
profissional I. Título

15-08323   CDD-658.409

Índices para catálogo sistemático:
1. Líderes e gestores : Executivos : Sucesso :
Administração de empresas   658.409

Grafia atualizada segundo o Acordo Ortográfico da Língua Portuguesa
de 1990, que entrou em vigor no Brasil em 1º de janeiro de 2009.

Editora CLA Cultural Ltda.
Tel: (11) 3766-9015
e-mail: editoracla@editoracla.com.br / www.editoracla.com.br

Este livro é dedicado às pessoas
que trabalharam comigo
nesta longa caminhada;
são personagens e coautores.

Miguel Keremian, conselhos e
contribuições importantes.

Marinho, participação
na finalização do livro
e meu companheiro em
diversas etapas da minha
vida profissional.

Fabio Humberg, meu editor,
que acreditou no livro e
trabalhou duro para finalizá-lo.

Regina, paciência e compreensão.
Apoio na vida e neste livro.

*"Passado não é aquilo que passou,
passado é aquilo que ficou do passado".*
(Alceu Amoroso Lima)

*"A vida não é a que a gente viveu,
e sim a que a gente recorda,
e como recorda para contá-la".*
(Gabriel García Márquez)

ÍNDICE

INTRODUÇÃO   **13**
70 anos na estrada. O que vi e o que vejo 15
Autores e personagens 18
Da prática à teoria 19
Sem tempo para ler 19

1 – A EMPRESA E O EMPRESÁRIO   **21**
A empresa é mais que cifras e números 23
O realizador 24
Sonhar é preciso... 24
Case: sonho que se tornou realidade 25
Crescer não é escolha 26
Gente faz a diferença 28
Empresa como organismo vivo 28
Case: Não tem comprador? Crie! 30
Case: Acomodação não existe no dicionário do executivo
de sucesso 32
Inovar. Reinventar conceitos e práticas 33
Case: Inovando em time que está ganhando 34
Case: Qual é o nosso negócio 35
Case: Leilão, o choque tecnológico 36
Novas tecnologias abrem oportunidades 38
Administração suave e competente, a mulher comanda 39
Empreender e administrar no Brasil: complicado 39
Case: A Semp, um exemplo de sucesso 40
Empresários e "empresários" 41
Exemplo e inspiração: Antonio 42
Case: Lições de vida em três historinhas simples 43

2 – TRANSPARÊNCIA   45

Goela abaixo, não desce! 47

Rádio Peão, ondas sem censura 48

3 – LIDERAR   51

Liderar ou comandar? 53

4 – MOTIVAÇÃO   57

O combustível que move as pessoas 59

Case: Clima agradável permite virada 60

Case: Festejando o final de um ano de trabalho 62

5 – GENTE FAZ A DIFERENÇA!   63

A empresa e sua gente 65

Seleção e recrutamento. O que queremos? 66

Case: Eu vim para trabalhar aqui 70

Remuneração, salário, gabarito de competências 71

Case: A caseira redatora 72

Pedir demissão: crime de lesa-pátria? Ser demitido:
sacanagem? 75

Empregados e empregadores: todos ligados! 76

Case: Sair e ir para o concorrente pode? Pode! 76

Case: Indicação do dono 77

Case: O discreto charme do torno mecânico 78

Cada um na sua 80

Tecnologia é ferramenta 80

Case: Contar com especialistas 81

Trabalhar em casa 82

Case: O ateliê de pintura de Aldemir Martins 84

O primeiro emprego ninguém esquece! 84

Case: Meu primeiro emprego 85

6 – COMUNICAÇÃO ... 87
Se você não se comunicar, seu saber é inútil ... 89

7 – MARKETING ... 95
Não é panaceia, mas deve ser o eixo das empresas ... 97
Case: A aposta no marketing de guerrilha ... 100
Prospecção e pesquisa de mercado, o "achismo" é fatal ... 101
Case: A aposta no marketing de guerrilha (2) ... 102
Case: Descubra onde está seu mercado ... 103
Propaganda: assunto para especialistas ... 104
Case: O briefing que virou anúncio ... 104
Alô! Alô! Compradores: onde vocês estão? ... 105
Divulgação de notícias ... 106
Case: Semp Manaus, notícia ... 107
Necessidades e aspirações não suspeitadas pelos
consumidores ... 108
Case: O nascimento de um novo produto ... 108
Case: O nascimento de um novo produto (2) ... 109
Case: O nascimento de uma nova linha de produtos ... 110
A marca "marca" a diferença ... 110
Case: Produto popular com marca ... 111
Qualidade: básica para o crescimento sustentável ... 112
Promoção: antenado nas oportunidades ... 112
Case: Deixa que eu chuto ... 113
Case: A "máquina" entra no vácuo ... 115
Case: O dia em que JK virou garoto-propaganda ... 116
Case: Debut no Café Society ... 118
Case: Helicóptero Band-Semp ... 119
Relações públicas: bom para a credibilidade ... 119
Case: Copa do Mundo de Futebol, o momento de vendas de TVs ... 120
*Case: Evento: Seminário de Desenho Industrial e Marketing do
Móvel Popular* ... 121

Empresa cidadã 121

Case: Atuação e envolvimento 122

Case: Pernambuco x Bahia 122

Feiras e exposições: o produto frente a frente com o
comprador 124

Case: Museu de Arte Moderna do Rio de Janeiro, o inusitado acontece 124

Case: A primeira feira 126

Case: Material à prova de lixeira 127

Case: Fora da UD, uma estratégia que deu certo 128

Case: Botando o bloco na rua 128

Case: Festival de Dormitórios Bergamo Mappin 130

Case: Lançando um novo produto de forma personalizada 131

Merchandising: ação eficaz 131

Case: Figurante pode ser "a" estrela 132

8 – VENDAS   135

Agora é com os vendedores 137

Atendimento, a chave do sucesso 138

Treinamento 139

Saber por que perdemos 142

O cliente é da empresa ou do vendedor? 143

Case: Vender a solução do problema do cliente 143

O Marketing definindo a política de remuneração e a ação
dos vendedores 145

Case: Mudanças profundas exigem audácia e coragem 146

O canal de vendas, varejo 148

Case: No lugar da "guelta", outra estratégia 150

Jus esperniandi 152

9 – REUNIÕES E CONVENÇÕES   153

Objetividade, sem lero-lero, sem autolouvação 155

Case: Reuniões como rotina 156

Case: Reuniões de alta produtividade e objetivas 157
Convenções de Vendas 157
Case: Preparando a feira 158

10 – A TURBULÊNCIA DO MERCADO FAZ PARTE 159
Freio de arrumação 161
Em tempo de crise 162
Case: Golpe de 64: golpe nas instituições e nas vendas 167
O momento de virar pelo avesso: o que pode e deve
ser feito em situações-limite 168
Case: Experiência vivida 169

11 – CONSULTORIA: UM OLHAR DE FORA 171
Case: Vip Shop – A maneira automática de comprar 174
Case: Visibilidade e relacionamento 175
Case: Ações promocionais: consultoria especializada ajuda 176

12 – *CASES* COM JEITÃO DE CAUSOS 177
"Canelada" às vezes resolve 179
"Você pode escolher a cor desde que seja preto" 180
Vendeu e não levou. A revolução que matou a venda 181
O torno mecânico que "vendeu" o vendedor 183

13 – PALAVRAS FINAIS 185
Você e suas circunstâncias 187
Última página 191

GENTE QUE PARTICIPOU E PESSOAS CITADAS 193

BIBLIOGRAFIA 205

INTRODUÇÃO

70 anos na estrada.
O que vi e o que vejo

> "É o relato dessa minha viagem e também
> uma narração do meu método de trabalho."
> (Helio Eichbauer)

Pensei muito até decidir se deveria contar minhas experiências, o que vivi e vivenciei. Resolvi escrever.

É um livro de crônicas sobre administração de empresas e gente. Uma visão panorâmica (1945/2015) da evolução e das transformações no mundo e nas empresas.

São 70 anos de estrada, 25.555 dias.

Os *cases* e causos, as historinhas, entram para ilustrar o exposto. Pouca teoria, o praticado que teve sucesso.

Procuro destacar a importância de ficar esperto, antenado, sentindo (melhor, pressentindo) as oportunidades. Ser criativo, questionar o que está sendo feito; tudo pode ser feito melhor.

Atitude, sempre, em qualquer circunstância.

Se "sempre foi feito assim", é razão suficiente para mudar.

Trabalhei em diversas empresas: TV Tupi, Indústrias Romi, Folha de São Paulo, Semp Toshiba, Bergamo Industrial, Gradiente, Superbid. Atuei como consultor em várias outras empresas.

Dispus de laboratórios e campos de prova, com liberdade para administrar e inovar. Fiz inovações, muitas hoje de uso corrente.

25.555 Dias é um livro para todos os profissionais da área: empresários, dirigentes, funcionários e estudantes de administração.

História puxa história, gente chama gente.

Escritores falam que os personagens assumem vida própria. Foi o que aconteceu: a narrativa tomou as "rédeas nos dentes".

O mundo, as pessoas, as empresas. Como eram e como são.

Nas últimas décadas assistimos e participamos de profundas transformações.

Novos produtos, novos meios de comunicação e as tecnologias disponibilizadas alteraram comportamentos, hábitos e práticas.

Como vivíamos e trabalhávamos sem o celular, computador, televisão, Durex, Band Aid, a pílula, o fax (já obsoleto)?

A informação democratizada e instantânea (ao simples toque da tecla do computador) derrubou fronteiras. Liberou geral...

Globalização é um processo irreversível.

Mudanças radicais. Nada mais será como era: nos costumes, na economia, na produção e no comércio entre países.

Uma pequena fábrica em Não me Toques (RS) está inserida, é parte.

A tecnologia assombra pela velocidade das inovações. A informação chega em tempo real aos mais remotos pontos da Terra.

A "guerra" pela sobrevivência e a ocupação de espaços na sociedade e nas empresas exorbitaram a competitividade.

Não estamos vivendo num mundo melhor ou pior, simplesmente diferente!

Viver é construir, é se construir.

Dependem de nós a felicidade e o sucesso. Vale para as pessoas e empresas.

Nada cai do céu, nada está escrito nas estrelas!

A realização pessoal e profissional não é aleatória, é construída no dia a dia, passo a passo.

Autores e personagens

Muitos participaram no desenvolvimento das ideias e na sua implantação, com suas cabeças, músculos e corações.

Na vida o importante são os personagens. Tive a felicidade de conviver e trabalhar com pessoas inteligentes, competentes, criativas e diferenciadas.

Ninguém faz nada sozinho.

O "eu" que está no *25.555 Dias* é o "eu" de quem participou e está contando.

O mérito do feito e o bem sucedido devem ser creditados aos diretores e funcionários das empresas, da turma que trabalhou e fez acontecer.

A gente aprende estudando e lendo.

Neste trabalho vocês vão encontrar diversas citações de renomados autores, especialistas, empresários e gente simples e comum.

Da prática à teoria

Aprendemos na escola, nas empresas, na faculdade, nos livros. Aplicamos nas empresas.

Neste caso é o contrário: da prática (praticado) ao "teorizado"...

Tudo muito óbvio. "Estou careca de saber"... Saber não basta, se você não aplica.

Não foram inventadas pelo autor, foram "recolhidas" na observação do dia a dia de empresas. De ontem e de hoje.

Sem tempo para ler...

Somos massacrados diariamente por informações, notícias e propaganda.

Ler e se atualizar é difícil!

A internet criou uma nova linguagem: direta, objetiva. Sem lero-lero, sucinta.

O texto deste livro é enxuto, direto. Quase como "pílulas"...

Aprender é um processo sem fim!

Para quem sabe é fácil:

- *"Não existe ramo bom ou ramo ruim. Existem empresas bem ou mal administradas."* (Octávio Frias de Oliveira)

- *"Como faço uma escultura? Simplesmente retiro do bloco de mármore tudo que não é necessário."* (Michelangelo)

- *"Esculpir patos? Fácil... Tiro do bloco de madeira tudo que não é pato..."* (Alex Periscinoto, no seu estilo)

1.

A EMPRESA
E O EMPRESÁRIO

A empresa é mais que cifras e números

Tom Peters certa vez insistiu que as empresas devem evitar estratégias baseadas em cifras e números, focando no que, para ele, sempre impulsionou os negócios em todos os tempos: as pessoas, os clientes, a "cultura" de valores e o espírito empreendedor dos gestores.

"As empresas que visualizam como prioridade o desejo e a real necessidade do cliente saem na frente", afirmou ele.

Mas também são números.

O administrador que bobear está ferrado...

Olho no caixa!... Olho nos lucros!... Sem lucro não existe vida...

Administrar só é possível com informações. Voo cego, queda certa...

Ligadão, sempre! Administrar a rotina, o dia a dia.

Pé no chão: administrando, administrando mesmo, a rotina chata (mas necessária), inclusive de áreas menos charmosas...

Segura o dinheiro, companheiro. Pode parecer exagero, muitas vezes não é.

Existem executivos que têm a "neura" de não gastar. A "saída" do caixa é mais fácil de segurar do que potencializar "entradas".

O velho Chico, conselheiro vitalício do São Paulo Futebol Clube, torcedor fanático, estava sempre preocupado com as finanças do clube. Torcia para o time empatar, para economizar o bicho...

O realizador

O realizador é o que sonha, define os seus objetivos, é criativo, corre atrás, faz acontecer.

O cara que pensa "Não vai dar, é difícil..." fritou o futuro.

Nada cai do céu! Mesmo quando "está chovendo na nossa horta", tem que se apetrechar e ir buscar.

Nada vem a nós!

Sonhar é preciso

Quem não sonha não empreende. O executivo que se preocupa exclusivamente com o dia a dia da empresa, necessário, estaciona a sua empresa.

Sonho que se tornou realidade

Na Itália Emilio Romi viu uma Isetta. Enxergando além do horizonte, resolveu: "Vou fabricar esse carro no Brasil..."

Enxergou mais longe: "A indústria automotiva e de autopeças vai abrir mercado para as máquinas Romi..."

O DNA da Romi – pioneirismo, empreendedorismo, inovação – tem a ver com o velho Emilio.

Sonhou e fez.

A Romi Isetta ganhou as ruas e a simpatia do povo. Uma novidade na paisagem urbana; projetando e popularizando o nome Romi.

Na versão motor BMW tinha excelente desempenho. Hoje seria uma boa solução para o trânsito caótico das grandes cidades.

Depois da surpresa inicial – diferente dos automóveis conhecidos –, começou a ganhar mercado e admiradores.

Juscelino Kubitschek criou o GEIA – Grupo Executivo da Indústria Automobilística. As grandes marcas internacionais se instalaram no país, apoiadas nos incentivos fiscais e benefícios. A Romi Isetta não foi incluída no programa, séria desvantagem para concorrer com os carros dos fabricantes estrangeiros.

A concorrência desigual inviabilizou negócio de carros para a Romi. Produção desativada.

A implantação da indústria automobilística e a expansão da indústria de autopeças alavancaram fortemente o segmento de máquinas-ferramenta, *core business* da Romi. O velho Emilio sabia...

A Romi não perdeu, ganhou...

Sonhar é preciso, sempre!

Livre e solto para sonhar!

Nem sempre as oportunidades estão diretamente ligadas ao seu negócio.

Cara! – atrás do muro tem coisa...

Crescer não é escolha

O homem, os bichos, as plantas e as empresas crescem independentemente do desejo deles. Segurar o crescimento da empresa é a morte anunciada!

Nas empresas o crescimento precisa ser planejado, não pode acontecer como o desenvolvimento dos tumores, sem controle, tangido pelas circunstâncias.

Momento crítico é a mudança de patamar.

Se não forem feitos ajustes e melhorias nos processos e no pessoal, as consequências poderão ser desastrosas.

Mudar para crescer

Mudanças e inovações valem para qualquer empresa de qualquer ramo: produção de pipoca, carros, máquinas, móveis, varejo, serviços.

Saber crescer

O crescimento sustentado das empresas exige melhores produtos, novos lançamentos, inovações, administração eficaz e competente.

O mercado muda continuamente, o consumidor é mais informado e exigente. Novas pressões desafiam as empresas: globalização, acirramento da concorrência na disputa por espaços, aumento de alternativas de consumo.

Com o crescimento da empresa, em muitos casos, os donos (fundadores) e "companheiros" que iniciaram o negócio são superados por novas complexidades.

Criar, empreender é para poucos. "Tocar" é outra praia...

A autocrítica é decisiva. É a hora de profissionalizar.

Conheço casos em que os fundadores e colaboradores que começaram com a empresa evoluíram e ainda dão conta do recado. Mas é raro!

Como estamos crescendo?

O desempenho das empresas deve ser analisado e questionado em todas as áreas, sempre.

Poderia ter sido melhor? É sustentável?

O diagnóstico ufanista "a empresa vai bem" pode determinar acomodação com efeitos nefastos no futuro.

Novas tecnologias, novas necessidades. Não estará na hora de entrar em novos mercados?

Empresas ícones na sua época definharam, morreram. Perderam o bonde da história. IRFM (Indústrias Reunidas Francisco Matarazzo) é um exemplo.

Gente faz a diferença

A expressão criada por Josino Dezonne, "Gente faz a diferença!", resume o que penso.

A construção do sucesso depende primordialmente do pessoal da casa, do ambiente de trabalho, da transparência nos relacionamentos, do entendimento claro de deveres e responsabilidades.

O quadro de funcionários é o mais importante ativo das empresas. No capítulo 5, falo mais sobre esse tema.

Empresa como organismo vivo

A empresa que não evoluir e se ajustar aos novos tempos fenecerá.

O organismo precisa se exercitar, ter novos desafios.

Mexer nas estruturas, no pessoal, nos processos.

Em time que está ganhando não se mexe...

Bola fora! Algum técnico ou comentarista criou a frase: "Em time que está ganhando não se mexe". A frase de enganosa sabedoria ganhou adeptos na área de administração. Não vale nem para o futebol. Uma acomodação de visão curta.

Um questionamento precisa ser colocado: estamos ganhando hoje, mas podemos estar sacrificando o desempenho futuro, no açodamento de resultados imediatos.

Muitas vezes o crescimento está relacionado à força do mercado comprador no momento e à inércia. As perguntas que devem ser colocadas:

- O desempenho não poderia ser melhor?
- A nossa empresa está preparada para momentos menos exuberantes de mercado?
- Os nossos processos de fabricação, operação e vendas não podem ser aperfeiçoados?
- Estamos conscientes de que a concorrência evoluiu, os consumidores estão mais informados e exigentes?

Há sempre uma maneira melhor de fazer as coisas, mesmo as que estão dando certo. Fique esperto!

Não tem comprador? Crie!

Marco Antonio Moura de Castro, sempre antenado para descobrir oportunidades, numa viagem aos Estados Unidos, visitando uma feira de lazer (IAPA), assistiu à demonstração de um simulador desenvolvido para centros de lazer, pela empresa Omni. Contatou a empresa e conseguiu a representação para o Brasil. Convidou-me para sócio, topei.

Tínhamos excelentes produtos e os direitos de venda para o Brasil. Só não existia comprador. Insignificante detalhe!...

O segmento de parques de diversões era incipiente, pintando no horizonte os primeiros projetos de parques temáticos.

Equipamentos (brinquedos, na terminologia do ramo) caros, cerca de US$ 1,5 milhão. Instalação, montagem e operação complexas.

Era necessário vender um primeiro simulador para que fosse possível incluí-los nos projetos em andamento. Única saída: "criar" um comprador.

A ideia de explorar o simulador foi "vendida" para um grupo de investidores, nenhum da área de lazer. Constituída a empresa Ma-

Fitz Otis, vice-presidente da Iwerks, fornecedora do equipamento, e Hugo Bethlem, executivo do Hopi Hari, com Mario Pacheco Fernandes

gic Screen Promotora de Lazer, compradora do primeiro Motion Master.

O Parque da Mônica estava para ser inaugurado, negociamos com eles e com a diretoria do Shopping Eldorado a instalação do equipamento numa área contígua ao Parque.

A partir daí, vendemos o Motion Master e cinemas 3D para o Playcenter, Hopi Hari (dois simuladores e um cinema 3D, tela gigante), Beto Carrero World e um cinema 3D móvel para a empresa Baldacci.

Em time que está ganhando se mexe, sim!

A capacidade de analisar o hoje e o amanhã, a isenção para fazer avaliações dos procedimentos e questioná-los, a determinação para buscar novos caminhos são pré-requisitos para o crescimento e sucesso sustentável.

Sempre foi feito assim!

Uma boa razão para mudar.

Tudo muda – mercado, consumidores, concorrência, avanços da tecnologia e das técnicas de administração. Não mudar é estagnar, ser superado!

Marty Neumeier sugere esquecer as melhores práticas: "costumam ser práticas comuns, e estas jamais resultam em um *zag*, não importa quantas foram aplicadas".

Acomodação não existe
no dicionário do executivo de sucesso

Uma mudança de endereço que mudou a história.

Afonso Brandão Hennel (Afonsinho), presidente da Semp, sabendo que eu ia para Manaus e Belém para visitar revendedores, disse: "Aproveita para dar uma olhada nas vantagens de construir uma fábrica em Manaus. Contate a Suframa (Superintendência da Zona Franca de Manaus), converse com empresários. Veja se é válido".

Fui. Na noite da chegada, passando pela antiga sede da Suframa, vizinha do Hotel Flamboyant, vi luzes acesas.

O segurança informou que o superintendente ainda estava trabalhando. Entrei. O superintendente da Suframa era o eng. Hugo de Almeida. Foi diretor da Sudene na época da instalação da fábrica da Romi, ficamos amigos.

Uma longa conversa e muitos cafezinhos servidos numa garrafa térmica. Falei da ideia de instalar a Semp em Manaus. Ele se entusiasmou. Recebi uma aula sobre incentivos, normas e exigências da Suframa. No dia seguinte visitamos o Distrito Industrial.

O Hugo de Almeida na hora definiu uma área para a Semp.

Foram estabelecidos contatos com a diretoria do Banco da Amazônia, o governo estadual e empresários.

Na época a comunicação com Manaus era crítica, qualquer interurbano demorava mais de dez horas de espera; telegrama, três dias.

O posto de telex na agência dos Correios era a comunicação possível com São Paulo.

Informamos ao Afonsinho que ter uma fábrica em Manaus era oportuno, necessário e factível. Ele topou na hora.

"Poderemos começar a produzir em outubro, 150 dias dá para iniciar."

Recebemos todo o apoio de São Paulo e o prazo foi cumprido.

Fábrica provisória: galpão alugado, no Morro Santo Antônio.

Em paralelo foi iniciada a construção da fábrica no Distrito Industrial. Projeto elaborado pela empresa Planisa. Aprovado pela Suframa e pelo Banco da Amazônia.

Primeiro televisor a sair da linha de produção no dia 17 de outubro de 1973.

Depois de Manaus a Semp nunca mais foi a mesma! Para melhor!

A *joint venture* com a Toshiba catapultou a empresa... Planejado e executado pela presidência. Visão e senso de oportunidade.

Nada acontece por geração espontânea. Realizar é somar forças, formando um grupo competente e decidido a fazer acontecer.

Inovar. Reinventar conceitos e práticas

Ponto importante para impulsionar os negócios é o poder de inovar ou reinventar conceitos já estabelecidos para levar novas experiências aos consumidores.

Tom Peters destaca que esse processo pode acontecer com o mínimo de recursos, mas por meio de ideias boas: "Ati-

Inovando em time que está ganhando

A Romi dos tornos era (e é) a mais importante indústria brasileira do setor, líder de mercado, presença nacional e pioneira na exportação de máquinas. Se a Romi estivesse travada – "em time que está ganhando não se mexe" –, não teria inovado:

- Foi pioneira no marketing industrial.
- Adotou sistema de remuneração de vendedores não convencional.
- Vendia diretamente suas máquinas, abolindo revendedores.
- Ampliou e diversificou a sua linha de produtos para atingir novos segmentos.
- Lançou máquinas incorporando tecnologia de ponta.
- Profissionalizou a administração.

Foi mais longe, olhando além do horizonte.

Produziu o primeiro carro brasileiro.

Assumiu o controle de uma importante indústria de máquinas para o segmento de plásticos, na Itália.

tudes triviais podem mudar positivamente o rumo de um negócio. Existem muitas ações pequenas 'dando sopa' e que possuem um impacto enorme."

Criar uma cultura que aceita e promove as mudanças, estimula as inovações, reinventa conceitos e práticas.

Qual é o nosso negócio?

Naquela época, início dos anos 1970, os problemas com os televisores em cores eram constantes.

Já existia no mercado uma empresa de locação de aparelhos: a RenTv.

Com uma grande loja na Avenida Cidade Jardim, a Locaset (empresa fundada por mim, Emidio Dias Carvalho Jr., Antonio Sergio Giacomini e Marinho Pacheco Fernandes) entrou nessa área e conseguiu expressiva participação de mercado.

O público era basicamente de pessoas físicas, evoluindo em seguida para a locação de aparelhos para hotéis, hospitais e empresas.

Mas necessidades dos usuários podem se tornar obsoletas.

Os televisores passaram a dar menos defeitos, durando muito.

O principal apelo se esgotou!...Uma necessidade que deixou de existir.

Mas a empresa continuou existindo.

Qual é o nosso negócio? Essa é uma definição fundamental a ser colocada pelas empresas.

O negócio da Locaset não era a locação de televisores, era a locação de aparelhos e equipamentos. O nome, criado pela agência MPM, informava a abrangência dos objetivos. Passou a operar com sucesso no segmento de *home care*.

Emídio Dias Carvalho Jr., um dos fundadores, administra hoje a empresa.

Leilão, o choque tecnológico

A Superbid criou a primeira plataforma para leilões *on line*.

Leilões, uma ferramenta de vendas antiquíssima, não eram usados por empresas industriais e comerciais para a venda dos seus disponibilizados, inservíveis. A possibilidade da intervenção humana nos resultados ensejava direcionamentos, conchavos – a famosa "caixinha". Muitas vezes, quem ganhava eram apenas os leiloeiros e compradores mancomunados.

A nova modalidade de leilões na Web – sem intervenção humana, transparente e abrangente – criou para o segmento industrial a melhor maneira de vender inservíveis, fazer caixa. Posteriormente os leilões judiciais passaram a adotar essa ferramenta.

No ano de 2002 passei a integrar os quadros da Superbid, quatro meses após o seu primeiro leilão. A primeira tarefa que recebi da diretoria foi tentar realizar leilões para o Grupo Votorantim, difícil desafio pela "repulsa" das empresas do Grupo à modalidade leilão. A nossa ação começou contatando Antônio Ermírio de Morais, grande amigo desde os tempos da Romi. Ele tinha confiança em mim e deu o aval para fazermos uma primeira experiência, que foi muito bem sucedida. A partir dali, todas as empresas passaram a vender exclusivamente via leilões da Superbid.

No ano de 2008 a Superbid ganhou o premio "Aliança" como um dos dez melhores fornecedores do Grupo.

O Grupo Votorantim representou, além de expressivos faturamentos, a bandeira (testemunho) para conquista de clientes: "Se a Votorantim usa exclusivamente a Superbid para vender seus disponibilizados..."

Hoje a maioria dos leiloeiros tem plataforma para leilões *on line*. Agora o diferencial é o atendimento e o melhor desempenho.

Cliente de peso abre o caminho

Considerando a importância do Grupo Votorantim, a Superbid precisava oferecer um atendimento diferenciado e competente. Submetemos à diretoria a criação da Célula Votorantim, uma Superbid dentro da Superbid. Sugestão aprovada. Assumi a Diretoria da Célula, constituída por um chefe, dois gerentes, um engenheiro, um contato e quatro funcionários.

Além de prestar um serviço sem ruídos e personalizado, a Célula passou a desenvolver um trabalho em todas as unidades das diversas empresas com o objetivo de levantar, "descobrir" inserviveis que pudessem ser vendidos.

Foi produzido um desenho animado (filme) para alertar todos os funcionários das diversas plantas da importância de vender o que não tivesse mais uso.

O protagonista do filme tem o nome de Luiz, uma homenagem a Luiz Carlos Atonguia, da Votorantim Metais.

Jornal interno da Votorantim, de setembro/2010, destacou os ótimos resultados da parceria com a Superbid: cerca de R$ 21 milhões arrecadados com leilões

Não estará na hora de entrar em outros segmentos? Não estará na hora de expandir as suas operações?

Novos empreendimentos, novas frentes.

Novas tecnologias abrem oportunidades

Como ensina Marty Neumeier: "Jogue a bola onde não há jogadores" e "Procure o espaço branco".

Empresas e profissionais que criam e desenvolvem tecnologias estão num segmento próspero e rentável. Os casos de sucesso e das grandes novas fortunas estão na tecnologia.

Como a aplicação do vapor e depois a eletricidade, a tecnologia da informação criou novos negócios, expandiu outros e modernizou a administração.

Ao mesmo tempo em que novos negócios foram criados, empresas e negócios morreram, atropelados pela evolução tecnológica...

Lembram-se da máquina de escrever? Desapareceram os fabricantes que não se reinventaram. Centenas de cursos de datilografia encerraram as atividades. O mesmo processo atingiu o setor de caixas registradoras, assim como diversos outros. A Kodak, uma das maiores corporações do mundo, com o fim das fotos em papel quase quebrou, hoje produz lentes.

Administração suave e competente, a mulher comanda

A mulher na administração de empresas. A suavidade que faltava no mundo dos negócios. Bem preparadas, competentes, dedicadas, sensíveis. A intuição feminina existe, sim.

Metalúrgica Nardi, especializada na fabricação de portas de aço. As irmãs Silvana, Argene e Margareth montaram uma indústria produtiva e lucrativa, bem administrada. Trabalhei como consultor, depois executivo durante dois anos, valeu!

Lopes Pinto, Nagasse, renomado escritório de advocacia, e Lut Leilões, ambos das empresárias Fabiana e Leina. Executivas competentes, criativas e empreendedoras. Fui consultor de Fabiana.

A mulher no comando: clima de alegria e suavidade. Cobram, exigem resultados – sem *stress*, sem mau humor.

Empreender e administrar no Brasil: complicado

O brasileiro é empreendedor, trabalhador, atualizado e competente.

Cursou a "Escola Brasil". Flexibilidade e criatividade para

A Semp: um exemplo de sucesso

O caso da Semp contraria a constatação corrente: no processo irreversível de crescimento, chega um momento em que algumas empresas ficam maiores do que os seus fundadores: ou se profissionalizam ou podem até desaparecer.

A empresa começou com Afonso Hennel, que iniciou a fabricação de rádios.

Posteriormente, com a empresa já muito maior, o comando passou para Afonso Brandão Hennel, Afonsinho.

Na sequência, passou a ser comandada por Afonso Antônio Hennel (Cito), neto do fundador. Depois, Afonsinho assumiu novamente o comando.

Uma sucessão em família, de administradores competentes.

Foi uma experiência enriquecedora participar da direção de uma empresa bem administrada em todas as áreas, que foi pioneira no lançamento de televisores em cores.

Carlos Alberto Torres, capitão da seleção brasileira campeã da Copa de 1970, na foto com Mario Pacheco Fernandes, no lançamento da linha de televisores coloridos da Semp, em Piracicaba (SP)

administrar em ambiente nada tranquilo: inflação alta em muitos períodos, falta de apoio e planejamento dos governos, impostos exorbitantes, falta de infraestrutura, burocracia excessiva, políticos desonestos e incompetentes.

Ser bem sucedido não é para qualquer mané! As dificuldades forjam bons administradores, como mostra o sucesso dos brasileiros em empresas do exterior.

Empresários e "empresários"

Só entre nós: o que você pretende? Desenvolver e perenizar a sua empresa?

Ou explorar simplesmente um negócio, uma oportunidade, uma ideia? Se for esse o seu objetivo, não precisa continuar a ler. O que vai ser tratado neste livro não terá muita serventia, é outra praia...

As qualificações, os princípios e requisitos são outros: oportunismo, esperteza, vivacidade, planejamento de curto prazo. Dinheiro no bolso, rápido e o máximo possível. Não investir, gastar o mínimo. Da burra só sairão despesas imprescindíveis para o dia a dia.

Horizonte: o dia 31 de dezembro, depois o outro 31 de dezembro...

Opção válida para quem não tem a vocação de empresário. "Amanhã estarei em outra...".

Já se o meu "negócio" é a minha empresa, estas "mal traçadas linhas" foram escritas para você.

Exemplo e inspiração: Antônio

Um livro que fala sobre empresas e empresários tem que falar de Antônio Ermírio de Morais. A pessoa e o administrador mais admirável que encontrei na minha caminhada por este mundão de Deus.

Um princípio que sempre segui se aplica a ele: manter relacionamentos e amizades com pessoas que considere melhores que você, para crescer e evoluir.

Conversar com ele era uma aula sobre política, economia, ética e empresas.

Sua conduta serve como exemplo e inspiração. Grande empresário, nunca deixou de ser uma pessoa simples e acessível, interessada pelos outros. Daí a sua forte dedicação a causas sociais, comprovada pelo seu trabalho voluntário para o Hospital Beneficência Portuguesa. Tentou entrar na política, sendo candidato a governador de São Paulo. É uma pena que não tenha vencido a eleição: o Brasil poderia ser outro hoje.

Lições de vida em três historinhas simples

Antônio Ermírio tinha inúmeros afazeres, era um super empresário, mas não fazia pose de importante e estava sempre disponível para compartilhar conhecimentos e reconhecer as pessoas. Os causos a seguir mostram um pouco mais sobre esse perfil.

1.Num sábado, à tarde, descendo a Rua Augusta, em frente ao teatro Procópio Ferreira vejo o Antônio conversando com um guardador de carros.

Aproximei-me para abraçá-lo. Sempre era bom encontrar o Antônio.

Ele me apresentou ao seu amigo flanelinha: "Mario, aqui é o João, meu amigo. Sempre quebra o galho para estacionar o meu carro. Bom papo. Estou dando uns ingressos para ele trazer a família para assistir à minha peça".

2. Sexta-feira à noitinha. Estou fazendo compras no Supermercado Hispania e esbarro no Antônio:" Vou para a fazenda, resolvi fazer umas comprinhas".

3. No Clube Nacional, palestra do ministro Dilson Funaro. Apresentação do Plano Cruzado, de triste memória.

Terminada a palestra, estou esperando um táxi na porta. O Antônio chega e pergunta se eu estou com carro.

"Não."

"Eu te levo".

Fomos. Ele estacionou na porta do meu apê.

Uma longa conversa, no trajeto e uma hora na porta do prédio. Como sempre, uma aula.

Sabia decidir rápido, era prático e objetivo, tinha formação técnica invejável, mas fugia ao figurino do empresário "durão". Sabia ouvir e sua sensibilidade era apurada. Além de tudo, era escritor de peças teatrais.

2.

TRANSPARÊNCIA

Goela abaixo? Não desce!

Somos transparentes? Será?!

Com a palavra, um especialista: Jack Welch.

- *"Não falar abertamente sobre qualquer tema, sobretudo aqueles que parecem ser mais inconvenientes, impede o fluxo de ideias inteligentes, a ação rápida e a participação generalizada dos funcionários."*

- *"As pessoas não expõem suas críticas para evitar conflitos e atenuam as más notícias para manter a aparências."*

- *"Já ouvi funcionários de empresas discorrerem sobre a completa falta de transparência nas reuniões para tratar do orçamento, de produtos e até de estratégias. As pessoas falam da burocracia, da politicagem, da falsa cordialidade que a falta de transparência gera."*

- *"Ideias que são compartilhadas abertamente por todos podem ser debatidas, melhoradas e colocadas em prática mais depressa."*

- *"Ainda hoje vejo que a transparência não existe em muitas empresas. O que no mínimo explica o péssimo clima entre os colaboradores e a direção. Obviamente, como não existe transparência, nada chega ao conhecimento dos altos escalões."*

Goela abaixo

Hoje, mais do que ontem, goela abaixo não desce.

Explicar e ouvir.

Vale, sempre, para todos em todas as situações: dirigentes, funcionários, clientes e filhos.

Rádio Peão, ondas sem censura

Veículo de comunicação dos funcionários, sem censuras e permanentemente no ar.

A matéria é gerada nas conversas de corredores, banheiros, fumódromo e na pausa para o cafezinho.

As "ondas" da Rádio Peão propagam frustrações, desencantos, as opiniões dos funcionários sobre os dirigentes e suas decisões.

Espaço para gozações, comentários, críticas e fofocas.

E tem as "edições extras":

- *"Ouvi dizer que vão mandar gente embora..."*

- *"O diretor Fagundes está comendo a Lurdinha..."*

- *"O Malaquias, depois de dez anos de empresa, pé no traseiro!".*

- *"As coisas vão mal, informação de 'cocheira', um cara da contabilidade me contou..."*

A transparência é o único contraveneno; a falta é uma força deletéria, geradora de ruídos.

Negativa para a imagem da empresa e dos seus dirigentes, vazando, inclusive, para o mundo externo.

3.

LIDERAR

Liderar ou comandar?

"Dirigir gente, não sei se é uma arte ou ciência."
(adaptado de frase de Roberto Duailibi)

O coronel grita com o tenente, que grita com o sargento, que berra com o soldado. No quartel, normal. Funcionário não é soldado, não presta continência para ninguém.

Diga-me quem é o seu chefe e eu te direi quem és.

Diga-me quem são os seus subordinados e eu te direi quem és.

Por trás (melhor dizendo, ao lado...) de um executivo de sucesso existem profissionais competentes.

Administrar e conduzir pessoas não é fácil, cada um é cada um. Age e reage de maneiras diferentes diante de situações semelhantes.

A sabedoria de quem lidera

Saber tirar o máximo possível de cada um.

Todas as pessoas têm os seus limites de competência, conhecimento e habilidades.

Ninguém é cem por cento competente, ninguém é cem por cento incapaz.

A capacidade e a sensibilidade para lidar com pessoas é fator decisivo para atingir o desempenho ótimo da força de trabalho.

O comando autocrático já era.

No bom sentido: "É dando que se recebe..."

Como disse Marcio Santoro, "Voltar a estudar me permitiu perceber que gerir pessoas é também gerir valores e processos".

Você é o chefe? Se você não tem o poder de demitir qualquer funcionário da sua área que não esteja desempenhando satisfatoriamente suas funções, não é chefe.

Nenhuma boa ideia resiste a uma má execução, e a execução está diretamente vinculada à qualidade e à qualificação das pessoas e das lideranças.

Quanto mais qualificados os dirigidos mais complexa a tarefa de dirigi-los.

Cabe citar Jorge Paulo Lemann: "Quero contratar gente que cria problemas, e não soldados que obedecem ao que o superior comanda".

Muitas vezes os chefes preferem trabalhar com profissionais "meia boca", com medo da sombra. Uma praga que prejudica o desempenho e expansão da empresa.

A última palavra sai da boca do chefe, mas foi construída com a participação do grupo.

O que você acha do seu chefe?

Se o chefe não é admirado e respeitado pelo chefiado, temos uma chefia furada...

Já ouvi: "Ninguém merece o Aquiles como chefe..."

4.

MOTIVAÇÃO

O combustível que move as pessoas

> "O sucesso da empresa não se mede só pelo
> balanço, mas principalmente pelo índice de
> satisfação de patrões e empregados"
> (Fernando Lucchese)

Motivar é acionar o motor até o seu limite máximo, é conseguir aquele algo mais das pessoas. Utilização plena das capacidades, criatividade e garra.

A costumeira motivação verborrágica, prenhe de descaradas hipocrisias, não cola mais.

A alegria, todos os dias, é motivação. Transparência é motivação. Respeito é motivação.

Os assuntos mais sérios, problemas, dificuldades, fracassos e desencontros devem ser encarados com bom humor e tranquilidade. Pegar leve é a palavra de ordem.

Tem gente que acha que elogiar o funcionário é risco de pedido de aumento, de acomodação. Burrice da grossa!

Crítica pode ser motivação, se fundamentada e bem explicada.

Elogiar e criticar são oportunidades para chefes inteligentes.

Clima agradável permite virada

A virada que foi dada na Bergamo (sair da concordata) contou com gente competente que conseguiu criar um clima positivo e alegre.

Dificuldades, limitações e problemas não faltavam. Recursos minguados.

Sem dinheiro é duro!

Incrível, era uma alegria trabalhar na Bergamo!

Parte da equipe envolvida na recuperação da Bergamo: motivação foi essencial

Antimotivação: também é praticada.

Uma historinha: um vendedor de sucesso na empresa, profissional competente, conhecendo bem a suas capacitações, decidiu ampliar os seus horizontes. Planejou um novo esquema de trabalho. Foi para uma reunião com diretores da empresa pra expô-lo. O diretor ouviu e matou o assunto: "Se você pretende ganhar dinheiro, não é aqui..."

Obviamente a empresa tem todo o direito de ditar os seus objetivos, mas nunca limitando os horizontes e ganhos do funcionário.

"Brochando" o funcionário, quem perde a potência é a empresa...

Outras formas e práticas: enrolar, não responder, não ouvir.

Motivação, todos carecem

Nada de motivação furada. Babaquices, frases feitas. "Somos uma família", "Somos um time"...

Gás para o próximo ano

É dureza, terminam 365 dias de luta, começam outros 365.

A primeira ação de motivação para o próximo ano é a festa de encerramento do ano. Muitas vezes as empresas querem aproveitar para falar delas, dos seus sucessos. Claro, "devido à competência dos dirigentes..."

Festa de fim de ano pode ser motivadora ou desmotivadora. O tiro pode sair pela culatra!...

Festejando o final de um ano de trabalho

Na segunda semana de dezembro, o Departamento Comercial da Romi promovia sessão solene de encerramento do ano, no auditório da Associação Brasileira dos Fabricantes de Veículos, no Conjunto Nacional. Presidida pelo sr. Carlos Chiti, sempre com a presença dos irmãos Romi: Alvares, Giordano e Romeu.

Fase de trabalho: análise do mercado no ano, desempenho, concorrência, sugestões de aperfeiçoamentos dos trabalhos, perspectivas e oportunidades para o próximo ano. Avaliação dos grupos de vendas quanto às cotas e definição das novas cotas, objetivos a serem perseguidos. Todos os assuntos tratados como desafio de todos.

Fase festiva: encerrado o ato, todos se dirigiam para a badalada e famosa Boite Oásis. Era a festa de fim de ano, para a comemoração dos resultados. Pausa, o repouso dos guerreiros! Enfim, encerrávamos um ciclo de 360 dias de trabalho duro. Era a hora da descontração, confraternização, alegria. Momento de tomar fôlego para as lutas do próximo ano. Uma festa democrática contando com todos os colaboradores e esposas, noivas e namoradas. Não era exclusiva da área comercial, todos os funcionários sediados em São Paulo participavam.

Todos tinham contribuído para o sucesso. Barreiras e hierarquias desapareciam. Nenhum discurso, autolouvação, Deus me livre!... Absoluta informalidade.

Os que participaram daquelas festas têm certamente boas histórias para contar. Até hoje encontrando velhos companheiros: "Como era bom trabalhar na Romi, sempre era uma festa!".

5.

GENTE FAZ A DIFERENÇA!

5

GENTE FAZ A DIFERENÇA!

A empresa e sua gente

Tudo começa na seleção e contratação. Estamos formando importante patrimônio.

Explicitar o que a empresa espera do candidato: funções, metas, objetivos.

Qual o futuro que o funcionário pode esperar: os horizontes de crescimento (ascensão), política salarial, posição no organograma.

Colaboradores e parceiros

Vamos ao *Aurélio*:

- *"Colaborar: auxiliar, ajudar."*

- *"Parceiro: Reunião de pessoas para um fim de interesse comum, sociedade, companhia. Comparte, quinhoeiro, sócio."*

- *"Eufemismo: ato de suavizar a expressão de uma ideia, substituindo a palavra própria por outra mais agradável. Amanteigar."*

Chamar as coisas pelo nome certo: funcionário, vendedor... Sem enrolação.

Seleção e recrutamento. O que queremos?

A escolha errada tem custos, demitir é caro e desgastante. Manter um desajustado na empresa ou na função (tarefas), pior.

A contratação de um novo funcionário para integrar a força de trabalho é um momento importante. Escolher certo não é fácil. O erro na escolha redundará em frustração e perda de tempo. O *turnover* é negativo para ambas as partes.

Como recrutar?

Além de empresas de recrutamento e caça-cabeças, a indicação é uma boa.

Em entrevista, o presidente da Odebrecht menciona que usa a indicação para recrutamento.

A Editora Abril buscava profissionais por indicação. Indiquei alguns para Roberto Civita. Dois deles galgaram altas posições, inclusive diretorias.

A empresa

Conquistar e manter os melhores.

O mercado briga para conquistar bons profissionais, estão de olho nos que sobressaem. Principalmente os concorrentes, normal. Como mantê-los na nossa empresa? Remuneração justa, bônus por desempenho, ambiente de trabalho, transparência. As empresas mais evoluídas desenvolvem programas de venda de ações, funcionários parceiros e sócios – ensejando ganhos expressivos a partir dos resultados futuros.

Características e habilidades

O cara que queremos contratar deve ter algumas características básicas:

- Inteligência emocional, criatividade, persistência, determinação, ser informado, articulado, com domínio da sua especialidade.

- Ser pegador, requisito importante. O tônus vital é vital...

- Temperamento. As pessoas evoluem, mas algumas características de personalidade, não. O temperamento (temperamental) é complicado, desestabilizador. É problema na vida familiar, na sociedade e nas empresas.

- Fazer acontecer: o melhor profissional de qualquer área da empresa é o que tem por ofício "fazer acontecer"... De nada valem boas ideias, boas intenções, formulações teóricas, projetos consistentes sem o cara que faz acontecer... Não se pode ser o profissional descrito por Jairo Ramalho: "Muita iniciativa, pouca *acabativa*."

- Dedicação à empresa: só existirá ser forem considerados os desejos e aspirações das pessoas que trabalham na empresa. Cobrar dedicação sem oferecer a contrapartida não resulta em dedicação. Dedicação não é atributo do profissional!

- Otimista e pessimista: o otimista acredita sempre, mesmo quando se frustra, continua correndo atrás... é otimista! O pessimista (muitas vezes se autoqualificando como "realista") de cara não acredita, não corre atrás porque pensa: "Isto não vai dar..."

- Acreditar na jogada: acreditar sempre que vai "dar", não existe bola perdida... O jogador de meio de campo faz um lançamento longo para o atacante, na lateral do campo, nós, torcedores, e os locutores esportivos decretamos: "Não vai dar...". O craque, decidido e vencedor, corre, corre, alcança a bola, centra: gol, gol!!! Acreditar sempre, correr atrás.

Incompetentes, aí mora o perigo! Perigo maior para as empresas do que o desonesto. O desonesto apronta, é apanhado e demitido. O incompetente é agregador de erros e mediocridades aos processos operacionais, não soma, não acrescenta. Os estragos que perpetra nem sempre são perceptíveis.

Na maioria das vezes são trabalhadores (ou disfarçam bem) e bonzinhos e se perpetuam nas empresas. Eles normalmente "vestem a camisa". Não conseguem outra camisa para vestir. Conhecem bem as suas limitações, agem exclusivamente no sentido de manter os empregos. Se forem "criativos", sai de baixo!...

O profissional. O que ele espera da empresa?

O relacionamento empresa-funcionário precisa ser claro, transparente e explicitado. Não funciona o esquema Vampeta: "Eles fingem que me pagam, eu finjo que jogo..."

A empresa. O que ela espera do funcionário?

Determinação, fazer acontecer. Ter atitude.

Ambiente de trabalho

Trabalhar é preciso, sofrer não!

O funcionário passa a maior parte do dia na empresa, sofre pressões normais no desempenho das suas funções.

As empresas precisam oferecer um "clima" de descontração e alegria.

Cara feia, rabugices, chefes destemperados, terrorismo – a política do medo, ameaça – como forma de "tirar o máximo" do funcionário não funcionam.

Empresa não é senzala.

Eu vim para trabalhar aqui

A secretária, devidamente conquistada pela simpatia da figura, entra na minha sala e diz: "Quer falar com o senhor um moço que afirma que vai trabalhar aqui... Acho bom recebê-lo, ele é insistente e diz que não vai embora...".

Entra o Moises Prudêncio: "Ontem eu vi a sua entrevista no programa do Silveira Sampaio falando sobre a Romi. Resolvi: lá é o meu lugar. Já sei, não tem vaga... Não estão precisando de vendedor..."

Sempre com um sorriso limpo e sincero, continua: "Eu só saio daqui contratado, vamos economizar nossos tempos..."

Contratamos. Foi um excelente vendedor, galgou rapidamente vários degraus da carreira.

Persistência, objetividade, segurança, fluência no se comunicar: qualidades básicas de um bom profissional. Tinha "atitude"!

Ganhar bem, objetivo de todos

Salários sem segredos: o ganho dos funcionários é aberto, nada de segredos. Saber quanto cada um ganha será estímulo para os outros: "Amanhã poderei ganhar como ele..."

Complicado, é. Não pode haver nepotismo, apadrinhamentos, beneficiar "aqueles que começaram conosco".

Mais: o segredo, guardado a quatro chaves, murmurado entre os diretores, não existe. O pessoal conversa entre si, obviamente se queixando do que ganham. Ponto para o clima cinzento na empresa!

Remuneração, salário, gabarito de competências

O barato que sai caro ou o caro que sai barato. Dilema só na cabeça de executivos tipo "patrão".

Direto ao ponto: a política de remuneração das empresas é determinante para o sucesso. Que funcionário eu quero? Salário é o gabarito de competências.

A formação de bons quadros depende da remuneração, de políticas claras e transparentes.

A "economia" nesse quesito é rematada burrice. É aquela conhecida postura: segurar "custos" é mais fácil do que buscar receitas.

A pergunta: quanto vale um bom funcionário para a empresa?

As empresas precisam estar atentas à qualificação e ao desempenho dos funcionários, antecipando-se às suas reivindicações.

Você segura o salário, não segura os bons profissionais.

Todos querem ganhar, precisam ganhar. As empresas buscam maiores lucros; os funcionários, maiores ganhos... Nada errado.

Todos conscientes de que o bom desempenho é a possibilidade de auferir lucros e ganhos. Aspiração dos donos, sócios, investidores e funcionários.

Ficarão na empresa os incompetentes e acomodados, os que estão esperando a aposentadoria e os que estão aguardando a oportunidade para um "bom acordo trabalhista"...

Se você paga para um funcionário R$ 800,00, você terá um profissional de valor R$ 800,00. Se você paga R$ 10.000,00, terá um profissional de valor R$ 10.000,00. Inexorável escala de qualificação, competência e custos.

A caseira redatora

O diretor do Departamento de Marketing de uma empresa pediu que eu indicasse uma pessoa para a função de redatora. Perguntei qual a base de salário. Resposta: R$ 1.200,00 por mês. "Tenho uma candidata. Minha caseira no sítio. É limpinha, semialfabetizada. Só que não é do ramo, sempre foi doméstica. Acho que, pelo salário, é o que vocês estão querendo...".

Baixos salários, muita gente para pouca produtividade

Tem profissional para todo preço. Muitas empresas optam por pagar baixos salários e inflar os quadros. Outra postura: menos gente, mais qualificada, com maiores salários.

Baixo salário é igual a baixa capacitação. Resultante: erros e falhas nos processos, desgastes com os clientes, efeitos negativos na imagem da empresa.

Os aumentos de dissídio não contam, são lei. Não são mérito.

Meritocracia: desempenho, contribuição, talento.

É o que pregam Jorge Paulo Lemann, Marcel Telles e Beto Sicupira: "Crie uma cultura de meritocracia com incentivos alinhados – eles desenvolveram uma cultura coerente que dá às pessoas a oportunidade de compartilhar as recompensas do sonho grande. Essa cultura valoriza o desempenho, não o *status*; a realização, não a idade; a contribuição, não o cargo; o talento, não as credenciais".

Misturando esses três ingredientes – sonho, pessoas e cultura –, eles criaram uma receita para o sucesso sustentado.

No prefácio ao livro sobre eles, Jim Collins acrescenta: "Os três sócios acreditam que as melhores pessoas anseiam pela meritocracia, enquanto as pessoas medíocres têm medo dela."

Carreira, horizontes e segurança

As pessoas buscam segurança nos seus empregos, retribuição justa à sua competência e ao seu esforço. Consideram também perspectivas de crescimento (ascensão) na empresa a que se vincularam.

Carreira bem definida, com todos os degraus e respectivos salários.

Bônus

Segundo Paul Krugman, a política de bônus foi uma das principais causas da bolha imobiliária americana. Prática exacerbada de bancos, companhias de seguros e grandes empresas. Deu no que deu!

Nas empresas modernas é prática comum, é altamente estimulante para obter o algo mais no desempenho em termos de lucro da empresa.

O funcionário se sente valorizado quando sabe que será recompensado quando alcançar e superar os objetivos, é algo motivador para os próximos desafios e evita que ele busque nova oportunidade, novo emprego.

"Aqui é o meu lugar!"

Deve ser estendido a todos os funcionários, com valores

proporcionais ao nível funcional de cada um. Será uma política negativa se for uma premiação para alguns "privilegiados". O lucro é resultante da competência e esforço de todos.

A política de bônus deve ser redigida com clareza e ser de conhecimento de todos.

O bônus deve estar atrelado a resultados do ano corrente e dos próximos.

Quando é determinado pelo resultado de um único exercício enseja ações de curto prazo, que certamente irão se refletir negativamente lá na frente.

O pessoal mira o dia 31 de dezembro: fechar qualquer negócio, deixar para o próximo ano despesas necessárias. O lucro agora, engordar o bônus...

Pedir demissão: crime de lesa-pátria?
Ser demitido: sacanagem?

Pedir demissão não é crime de lesa-pátria.

O funcionário que não está satisfeito no emprego, que sente que já bateu no teto, perdeu a motivação, tem o direito de procurar uma nova colocação. Mais que um direito, é um dever das pessoas buscarem o melhor para si.

Ser demitido não é sacanagem.

Demitir, quando o funcionário não atende mais às necessidades da empresa (acomodação, ter atingido o limite das suas competências), normal. Mais que um direito, é um dever das empresas buscarem o melhor para ela.

Sem traumas!

Ninguém deve nada a ninguém.

O empregador paga pelos serviços do funcionário, o funcionário recebe para executá-los...

Empregados e empregadores: todos ligados!

Trabalho não rima com sofrimento.

O sucesso profissional está diretamente ligado a você gostar

Sair e ir para o concorrente, pode? Pode!

Na Bergamo, o diretor comercial procurou-me para informar que era demissionário, iria trabalhar no nosso maior concorrente. Entendi que era uma ótima oportunidade para ele. Liberei sem maiores sofrimentos. Desejei: "Boa sorte e sucesso! Mas não exagera..."

Indicação do dono

O fundador de uma empresa e maior acionista não se envolvia na administração havia alguns anos. Um dia, ligou para mim (diretor comercial) e pediu para contratarmos "um velho companheiro, que estava na pior".

Fui para o Rio a fim de conhecer o Antônio. Chegou para a entrevista às oito horas da manhã, exalando o ácido "perfume" da cachaça. Uma figura obsoleta e derrotada.

Levei o assunto para o presidente: "Não contrata, não somos uma entidade beneficente." Decisão corretíssima, profissionalismo e responsabilidade pelos resultados.

"É um pedido do 'homem', amigo dele e antigo companheiro. Ele fica proibido de entrar nos escritórios, até o salário nós mandamos na casa dele..." – tentei.

Ele foi curto e grosso: "Esse cara eu conheço, não!".

Passaram-se alguns dias e o fundador da empresa ligou cobrando. Procurei com o maior jeito dizer que não dava. Não fez nenhum comentário e desligou.

No mesmo dia à tarde entrou um telex informando que ele, como controlador da empresa (dono), estava demitindo o presidente e o diretor comercial.

Uma situação absolutamente inusitada. Rimos muito, embalamos as nossas coisas e nos mandamos...

Desempregado, decidi ser desempregado em Paris. Fui.

Um mês depois o presidente reassumiu. Pediu que eu voltasse o mais rapidamente possível. Voltei.

de fazer o que está fazendo. Se não gosta, é melhor cantar em outra freguesia...

Mas você pode agregar charme ao seu trabalho e produto.

Qualquer negócio pode ser charmoso, depende de você.

O discreto charme do torno mecânico

Um mundo diferente, desafios diferentes. Vender Romi Isetta era charmoso! Vender máquinas, outra praia: compras decididas com racionalidade, análises e estudos de custo-benefício. Emoção zero!

Descobri: um torno mecânico tem também o seu charme.

Não é ser bonzinho, é ser esperto

Melhorar a qualificação do pessoal da casa: palestras, reuniões de aperfeiçoamento profissional e muitas outras iniciativas.

Bolsas de estudo e financiamento de cursos. Nada deve ser grátis, facilitar o acesso aos estudos, já está de bom tamanho...

Perigo! O pau pra toda obra

O "faz tudo", também chamado de "pau pra toda obra", é sempre perigoso.

Não é especialista em nada. Apenas um remendo em pneu furado! O "faz tudo" não faz nada que preste!

É válido o rodízio dos funcionários pelas diversas áreas da empresa como forma de conhecerem bem a empresa, seus processos e as dificuldades. Uma forma de treinamento.

Ausência que soma

O afastamento temporário do funcionário (chefes, gerentes, diretores) é muitas vezes a oportunidade de a empresa evoluir. Um novo olhar sobre as atividades. Possibilita o crescimento do substituto.

Entende-se por que muitos funcionários (gerentes e até diretores) relutam em se afastar. Férias fracionadas – "Não posso ficar longe muito tempo, as coisas podem desandar..." É o medo de perder o emprego!

Esses inseguros muitas vezes temem preparar um "segundo"; na sua ausência, dividem o serviço por diversos funcionários.

Estagiário não é mão de obra barata

É um profissional em formação. Ao contratá-lo, a empresa assume uma grande responsabilidade. Está tendo a oportunidade de contar no futuro com excelente profissional, já integrado na cultura e nos objetivos da empresa.

Marcos Antônio De Marchi afirma que a pior coisa é o estagiário que se sente mão de obra barata: "ele é alguém que vem aprender e também contribuir com a empresa."

Cada um na sua

Na busca por espaços nas empresas muitos funcionários assumem funções e responsabilidades para as quais não estão preparados, em áreas importantes. Resultante: zebra!

Como dizia Octávio Frias de Oliveira, "Tem que ser do ramo..."

Chame um especialista! Você é ótimo, mas não sabe tudo.

Tecnologia é ferramenta

A tecnologia da informática revolucionou o mundo. Nada mais é como antigamente. Criou novos negócios, expandiu negócios existentes, agilizou a administração, possibilitou melhores planejamentos e controles.

Os avanços são extraordinários, fundamentais para a otimização de resultados em qualquer empresa. Mesmo na vida pessoal, o computador é indispensável.

A ferramenta continua evoluindo.

Contar com especialistas

Cia. Litográfica Ipiranga (Grupo Folhas), a maior gráfica do Brasil na época.

Atravessávamos um período de muita turbulência política e social. O Sindicato dos Gráficos, um dos mais esclarecidos e reivindicativos, agitava e volta e meia paralisava a gráfica.

Tudo novidade para nós: indústria gráfica e agitação sindical.

Foi contratado para a gerência do departamento de relações humanas o advogado e professor Leo Munari. Ex-delegado do Trabalho (quando o ministro era Almino Affonso, no governo Jango Goulart) em São Paulo. No golpe de 64 se exilou na Bolívia.

Dr. Leo colocou em prática uma política de transparência e entendimento: o justo e razoável para ambas as partes.

Não tivemos mais problemas...

Foi importado de Porto Alegre o engenheiro Fuad Issa, que deu conta da produção.

Mas Nicholas Carr (citado por Ethevaldo Siqueira) já advertiu que muitas corporações concentram seus investimentos muito mais na infraestrutura tecnológica do que em outras estratégias tão ou mais importantes, como o aprimoramento dos seus recursos humanos.

Carr coloca no ar a pergunta: "Será que as corporações estão realmente aplicando da melhor forma seus recursos, em busca de vantagens competitivas e sucesso estratégico?". E responde de bate-pronto: "É bom lembrar que, como ocorreu com muitas outras tecnologias largamente adotadas, como ferrovias ou energia elétrica, a TI se transformou em *commodity*. Com seus preços acessíveis a cada um, essa tecnologia não tem mais valor estratégico a qualquer empresa ou usuário".

Da pena de ganso ao computador...

Qualquer que seja a ferramenta, a qualidade da obra é do autor.

Toda a vasta e variada tecnologia que existe foi criada e desenvolvida pelo homem. Grandes obras foram escritas com pena de ganso, pena de aço, caneta tinteiro, lápis, máquina de escrever e hoje no computador. Ferramentas! A qualidade da obra é o resultado do talento do autor.

Trabalhar em casa

Tendência, agora no Brasil. Interessante para as empresa e para os funcionários.

Para a empresa: redução de custos – área ocupada no escritório (altos custos), diminuição de despesas gerais (energia, telefones e outras).

Para o funcionário: não perder tempo em deslocamentos diários, melhor aproveitamento do tempo, conforto e economia. Aumento da produtividade.

Nem todos os funcionários podem trabalhar em casa, pelas características e exigências da função.

É válido para vendedores e pessoal de criação, por exemplo.

Para você trabalhar em casa é preciso disciplina e novas posturas:

- Escritório separado e exclusivo, na residência.
- Você está efetivamente trabalhando. Cumprir horários, se vestir adequadamente. Pijama nunca!
- Não se envolver com questões domésticas, nos horários de trabalho. A família precisa assumir que você "saiu pra trabalhar"...
- Ir à empresa quando convocado e no mínimo uma vez por semana.
- O convívio com colegas é indispensável e existem assuntos e problemas que só o contato pessoal resolve.
- Trabalhar em casa não é para trabalhar menos, é para produzir mais.

O ateliê de pintura de Aldemir Martins

Pintor renomado, Aldemir Martins projetou um moderníssimo ateliê na casa nova, construída por ele, com iluminação natural e outros avanços. Deixou o velho local de trabalho: "Vou pintar com mais conforto, sem sair de casa...".

Ele comentou comigo: "Não deu certo. Uma manhã estou sentado na poltrona à espera da inspiração... Minha mulher entra e diz: 'Aldemir, você não está fazendo nada, quer ir à padaria comprar café?'".

Voltou para o antigo ateliê...

O primeiro emprego ninguém esquece!

O primeiro emprego marca a vida do profissional.

O cara precisa ter sorte de conseguir o seu primeiro emprego numa organização contemporânea e bem administrada.

A empresa tem responsabilidade pela evolução do novo profissional, complementando sua formação.

Hoje as empresas abrem espaço para estagiários, um bom celeiro de gente.

Contratado, só o começo. Depois é com você.

Evoluir profissionalmente, abrir espaços.

Meu primeiro emprego

O meu primeiro emprego foi na Romi, não esqueço!

"O que você sabe fazer, qual a sua experiência?"

"Plantar cana, criar gado... Trabalhei na TV Tupi, escrevendo roteiros e dirigindo programas... De comércio e indústria não entendo nada, duplicata já ouvi falar..."

A conversa se prolongou.

Afinidades e empatia instantâneas: nascia uma amizade que perdura até hoje.

"Vamos te contratar, procura o Mano Carlos, em São Paulo".

A entrevista de emprego, meio surreal, foi com o sr. Alvares Romi.

6.

COMUNICAÇÃO

Se você não se comunicar, seu saber é inútil

"Quem não se comunica, se estrumbica."
(Chacrinha)

A comunicação interna e a externa devem ser objetivas, claras e concisas para assegurar fluidez, segurança e leitura.

Cuidado: o óbvio nem sempre é óbvio. O que é óbvio para você pode não ser para o seu interlocutor.

Nem o "óbvio ululante" do Nelson Rodrigues é "ululante" para todos.

A comunicação responde pela fluidez da administração, pela formação da identidade da empresa, pelo relacionamento externo: fornecedores, compradores, acionista e o público.

Como já dissemos, ninguém tem tempo para longas leituras. No máximo lerá textos enxutos que chamem sua atenção, objetivos e organizados.

O texto deve ser leve, nunca agressivo. Não quer dizer que não deva ser forte, quando necessário, sem meias palavras.

Internet, a grande revolução

Globalizou o mundo. Informações, troca de experiências, reivindicações passaram a ser instantâneas, sem censuras e independentes.

Acabou com o "controle" dos jornais, tevês e emissoras de rádio sobre a informação, noticiário e a influência sobre os leitores.

Bye, bye à "soberania" de chefes e dirigentes.

O cidadão do século XXI é livre para pensar, contestar e agir.

Ordens só serão bem cumpridas se explicadas.

Comunicação interna

A utilização do computador na troca de informações e instruções na vida das empresas foi uma revolução.

Aqui também precisamos estar atentos: a facilidade induz a exageros.

Como diz Normann Kestenbaum: "Ninguém tem tempo para lero-lero".

É muito útil adotar a metodologia do One Paper: "Por mais

complexo que seja o que você tem a expor, caberá certamente numa folha de papel".

Afinal, como assinala Kestenbaum, "a prolixidade e redundâncias são sacais."

A comunicação só acontece se quem recebe entende o que você pretendeu comunicar.

Interagir é exigência de quem está do outro lado da linha.

Mais que ouvintes, somos interlocutores. O espectador tem que ser personagem do filme, já dizia Federico Fellini.

Todos querem participar, discutir, questionar, criticar, elogiar, esclarecer, sugerir... Interatividade em todos os meios de comunicação que comportam uma via de duas mãos: *sites*, *blogs*, mídias sociais, e-mail marketing, programas de televisão, celulares e outros.

O mundo conectado abre espaços e oportunidades muito ricas para a comunicação. Mas é preciso lembrar que o processo é, como destacamos, de duas mãos. Ao mesmo tempo em que você dirá o que quer, poderá ouvir o que não quer. As reclamações e manifestações de consumidores ganham enorme ressonância. Sabendo lidar com isso, com respostas rápidas e eventuais correções de rumos, o limão vira limonada. Caso contrário, correm-se riscos.

Fala que eu escuto

Fale em primeiro lugar o que é do interesse do cliente: ele está interessado unicamente no seu negócio. Se você tem algo que pode melhorar o desempenho e os lucros, ele vai ouvi-lo.

No momento certo fale da sua empresa, o que está por trás do produto ou serviço: gente, máquinas, equipamentos e clientes satisfeitos.

Gritar diferente

Na comunicação, é necessário criar diferenciais, inovar, surpreender. Bombardeados por milhares de mensagens, apelos e informações, executivos de empresas e consumidores saturados não conseguem perceber e registrar as mensagens. Grite, mas grite diferente!

Eu falo, ele não escuta

Tem gente que só escuta a si própria, algo comum a empresários e políticos.

Você está expondo uma ideia, o cara não está nem aí. É chato!

Desde tempos imemoriais são usados recursos para atingir o destinatário: batidas nos tambores e o repicar dos sinos das igrejas chamavam o povo para ouvir as novas e receber instruções.

A evolução da tecnologia nas comunicações colocou para escanteio diversos recursos, considerados superados, "coisa de antigamente"...

Um exemplo que pode voltar a ser usado: o telegrama, mensagem que acerta o alvo, meio de comunicação personalizado, tem o tom de urgência e de assunto importante. Ultrapassa as secretárias e atinge o destinatário.

É preciso encontrar algo diferenciado na avalanche de e-mails que assolam os nossos computadores e as "conversas" do pessoal do *call center* que congestionam as nossas linhas telefônicas e nos perturbam.

Boas e úteis mensagens são rechaçadas, numa postura defensiva.

Mensagens de fim de ano, normalmente medíocres e interesseiras

Dirás: irrelevante, um ponto menor... Não é! A imagem da empresa está ligada a pequenas coisas.

"Malhar", aproveitando que você acredita ser uma oportunidade, horripilante!

No final dos anos as pessoas trocam mensagens entre si para desejar "um bom Natal" e "um excelente ano novo". Nesse período o clima é de alegria, confraternização e carinho.

No passado a troca de mensagens era exclusivamente entre pessoas. Hoje as empresas detonam centenas de e-mails para os clientes. Único objetivo: promoção, mais um esforço na conquista de novos clientes.

Não funciona! Vai dar com os burros n'água.

Nunca se deve inserir algum texto promocional. A mensagem deve ser exclusivamente de Boas Festas. Ser criativo, buscar ser diferente.

É o momento para a humanização do relacionamento, sem segundas intenções.

Não podemos ser mais um a mandar a mensagem

7.

MARKETING

Não é panaceia, mas deve ser o eixo das empresas

"O marketing é fundamental."
(Steve Jobs)

"Estamos vivendo o tempo do 'Marketing de Vantagem Competitiva'."
(Luciano Saboia Filho)

"O marketing requer criatividade, investimento e arrojo."
(Afonso Brandão Hennel)

A importância do Marketing é indiscutível.

Encontramos definições e dissertações em centenas de livros e artigos.

Todas as empresas são (ou deveriam ser) "empresas de marketing" que produzem e vendem produtos e serviços.

O marketing deve permear todas as áreas da empresa, comprometimento geral e irrestrito para o incremento sustentável das vendas e crescimento.

A venda – faturamento – é o objetivo principal das empresas. A indústria produz para vender, o comércio compra para vender.

Em todos os setores da empresa a palavra-chave deve ser criatividade; no marketing, é matéria-prima.

A criatividade pode ser estimulada e valorizada.

Um bom caminho é a prática dos *brainstormings*, desencadeantes da criatividade. Nas áreas de criação todos devem ser chamados a participar, inclusive *boys* e burocratas.

Rumo ao marketing mais moderno

Neste tópico optamos por escrever o que não deve ser feito, buscando a experiência e competência de Philip Kotler.

O marketing de Neandertal inclui as seguintes práticas:

- Equiparar o marketing com vendas.

- Dar mais ênfase à compra que ao cliente.

- Querer lucro em cada transação, em vez de lucrar administrando o valor de manter o cliente.

- Planejar cada ferramenta de marketing, de comunicação de marketing, separadamente, em vez de fazê-lo de forma integrada.

- Procurar vender o produto, em vez de compreender e satisfazer as necessidades reais do cliente.

A teoria da Cauda Longa, desenvolvida por Chris Anderson, permitiu enxergar as coisas de outro modo: "A nova dinâmica de marketing e vendas: como lucrar com a fragmentação dos mercados"...

Marketing de guerrilha, *remember* Vietnã

Em algumas situações não são possíveis investimentos em propaganda e ações de marketing: produtos cujas quantidades não possibilitem valores de faturamento que justifiquem o investimento; empresas em dificuldades.

A propaganda exige produção e venda de escala, dando condições de planejamento, criação e produção de boas peças e mídia adequada.

Mesmo limitada, sem verbas para a propaganda e promoção, a empresa pode ir à luta e ganhar musculatura para continuar viva: marketing de guerrilha.

Essa denominação foi inspirada na Guerra do Vietnã, na qual o país asiático, com poucos recursos, usou táticas de guerrilha para enfrentar – e derrotar – os Estados Unidos.

É indicado, também, como apoio e complemento para empresas com verbas expressivas de propaganda.

Apresentando as armas

Ações de surpresa, ataques fulminantes, táticas diferenciadas, logística bem definida. Manter as operações a serem detonadas em segredo, atacar pelos flancos, cavar subterrâneos sob as fortificações do inimigo (concorrentes), andar disfarçado de árvore, aliciar combatentes para a causa, economizar munição – foco certo, tiro na mosca...

A aposta no marketing de guerrilha

A Romi inventou o marketing de guerrilha, em 1959.

As quantidades de carros produzidos eram pequenas e o mercado visado, geograficamente restrito, algumas capitais.

"Isettistas", uma confraria, curtiam o carro e se curtiam. Resolveram formar o Clube do Romi Isetta. Os associados se engajaram para transformar a Romi Isetta no *must* do momento.

O componente paixão explica. Isettistas praticantes, uma nova tribo.

Sede: Rua Marquês de Itu (centro de São Paulo). Loja e *show room*.

O Clube do Romi Isetta foi constituído inicialmente por 20 proprietários.

A Romi forneceu toda a infraestrutura e participava ativamente.

O clube passou a ser o centro das promoções, sem o viés comercial.

Os "amigos" batiam ponto no final do dia na loja para conversar, trocar informações e contar vantagens do "seu" Romi Isetta. Depois, a esticada obrigatória até o Clubinho dos Artistas, no prédio da Associação dos Arquitetos do Brasil.

O local era frequentado por artistas, arquitetos, escritores, professores universitários, gente da badalação e isettistas. Eram assíduos, entre outros: Agostinho dos Santos, João Gilberto, Adoniran Barbosa, Odete Lara, Alberto Ruschel, Vanja Orico, Renato Consorte, Ruth de Souza, Mauricio Nabuco, Bonadei, Aldemir Martins.

O Clube da Romi Isetta foi ao aeroporto de Congonhas receber o ator Pablito Calvo, no lançamento do filme *Marcelino Pão e Vinho*

Prospecção e pesquisa de mercado: o "achismo" é fatal

Conhecer o mercado e suas potencialidades é indispensável para o planejamento das vendas e a definição de objetivos. Pisar em terreno conhecido.

Tudo pode e deve ser pesquisado. O "achismo" resulta em

A aposta no marketing de guerrilha (2)

Na Bergamo as quantidades eram enormes e o mercado comprador espalhado por todo o território nacional. Nesse caso, a propaganda seria indicada e seus resultados, certamente excelentes. Mas a empresa estava em concordata, falta absoluta de recursos.

O mercado de dormitórios, especialmente para as classes C e D, era disputado por numerosos fabricantes, pequenos e médios, presentes na maioria das unidades da Federação. A qualidade sofrível e a prática da sonegação fiscal explicavam os preços baixos de venda. Além da Bergamo (a maior), existiam três ou quatro empresas de porte que também disputavam o mercado nacional.

As vendas para os consumidores eram realizadas por meio de revendedores: lojas de móveis e cadeias varejistas. Os dormitórios fabricados pela Bergamo e por alguns outros fabricantes eram vendidos desmontados para serem montados na residência dos compradores.

O marketing de guerrilha resolveu!

estratégias e ações sujeitas a erros, com consequências imprevisíveis.

As ações da empresa precisam ser mensuradas (eficácia): o tal custo-benefício.

Pesquisas para descobrir e aferir as necessidades e desejos dos compradores.

Pesquisa é uma disciplina com lógica própria. Assunto para especialistas.

Para definir objetivos e implementar ações, só conhecendo o mercado.

Descubra onde está o seu mercado

A Romi produzia uma grande variedade de modelos de tornos, cobrindo toda a gama de necessidades no segmento de usinagens. Era necessário conhecer o mercado, suas necessidades e expectativas.

Nota: não havia computador, tudo feito na unha – como se dizia antigamente. Não havia o Google para pesquisar.

Foi desenvolvido um amplo trabalho de levantamento de compradores potenciais, inicialmente na Grande São Paulo. Formado o grupo de pesquisadores, a cidade foi mapeada e o trabalho realizado rua a rua. Pesquisadores selecionados e recrutados nas faculdades de Engenharia e Economia.

Subproduto: terminado o trabalho alguns pesquisadores optaram em continuar na Romi, integrando o quadro de contatos ou o Departamento de Engenharia de Aplicação. Muitos daqueles pesquisadores fizeram carreira na Romi, galgando até cargos de diretoria. Outros saíram da Romi para ter sucesso em outras empresas.

Foi formado um banco de compradores, base para as ações de venda.

Propaganda: assunto para especialistas

Chover no molhado: a importância da propaganda para a imagem da empresa, seus produtos e vendas.

Um assunto para especialistas, para agências de publicidade.

À empresa cabe *brifar* bem, informar sobre o mercado, consumidores, concorrência e os pontos fortes e fracos dos produtos e dos similares da concorrência.

Porém, como alerta Tom Peters, a forma como o consumidor lida com a propaganda está se alterando: "Se antes as pessoas compravam um produto apenas pela sua publicida-

O *briefing* que virou anúncio

A Locaset precisava deixar claras, e de forma objetiva, as vantagens da locação de televisores. Preparamos o *briefing*, comparando as duas formas de ter um televisor em casa. O uso e não a posse, o que realmente interessa!

A agência da Locaset, MPM Propaganda – a maior do Brasil naquela época –, decidiu que o *briefing* já era o anúncio.

104

de, agora querem saber a opinião de outros consumidores que já experimentaram esse produto".

Alô! Alô! Compradores: onde vocês estão?

As empresas dispõem de outros meios, além da propaganda, para captar novos clientes e divulgar ofertas. A tecnologia (internet) nos oferece uma poderosa ferramenta de divulgação e vendas.

E-mail marketing

O e-mail marketing (EMKT) exige cuidados e técnicas especiais. Pela velocidade e facilidade de preparação e expedição, é usado na base da enxurrada.

Todo cuidado é pouco para não saturar! Encontrar caminhos para não ser deletado de cara, como:

- Definir e "atacar" somente o público-alvo. O tiro tem que ser de bala, não de cartucho;
- Frequência. Planejar para evitar o *delete*;
- Personalizar. Quem recebe deve saber que pensamos "nele";
- Falar o que é do interesse do destinatário;
- Renovar *layout*, parte gráfica e texto;
- Interagir é exigência de quem está do outro lado. Mais

que ouvintes, somos interlocutores (ver capítulo 6);

- Usar a criatividade;
- Manter um banco de dados atualizado.

Outros meios de divulgação e informação

Redes sociais: um poderoso meio de divulgação interativa, que passa a fazer parte do arsenal de armas do marketing. Possibilidade de "conversarmos com o público". Ouvir as vozes da rua e falar com "o povo". Não tem apelação, é por aí.

Mensagens via celular: úteis e eficazes para textos curtos e informações rápidas.

O velho telefone: muitas vezes o seu uso resolve melhor, com questionamentos e respostas na hora. A geração internet resiste ao "arcaico", mas o telefone pode facilitar e resolver.

Divulgação de notícias

Divulgação na imprensa é importante para a criação e a sustentação da imagem positiva da empresa, estabelecendo e mantendo boa vontade – *good will* – e colaborando para a potencialização das vendas.

A notícia nasce na empresa. Precisa ser trabalhada, criando um fato de interesse para leitores.

Semp Manaus, notícia

Por ser a primeira indústria eletrônica de expressão a ir para a Amazônia, o fato foi um acontecimento político e empresarial.

Era notícia. A maior repercussão foi possível com um bom trabalho desenvolvido.

O jornalista Joelmir Beting (então na *Folha de S. Paulo*) fez uma série de cinco artigos sobre a Suframa (Superintendência da Zona Franca de Manaus), industrialização da região e a Semp.

Criar novas notícias a partir da notícia: para a inauguração foi organizada uma caravana de jornalistas, empresários do sul do país e personalidades. A mídia (de todo o Brasil) tratou do assunto.

Já vimos: produza um fato, a notícia rola. Mas tem que se mexer.

Com outros fatos, as notícias continuaram.

A elaboração de *release* e a sua veiculação, na forma de reportagens, entrevistas, notas, artigos em revistas e jornais, divulgação em *sites*, emissoras de televisão e rádios, é trabalho para especialista.

A disputa por espaço é muito grande, é difícil obter cobertura.

Se tiver cheiro de propaganda ou de autopromoção, não vai sair nada.

Com criatividade e competência é possível estar presente na mídia.

Necessidades e aspirações não suspeitadas pelos consumidores

"Ouvir" os compradores potenciais (o mercado) para detectar suas necessidades e aspirações. Lançamento de novos

O nascimento de um novo produto

Início de noite, escritório da Unidade Rio. O gerente Jairo Ramalho abre a correspondência. Toma conhecimento dos assuntos e vai falando o destino de cada documento:

– Conta de água, para contabilidade. Bradesco, Maria. Mala-direta, lixeira. Problema no Sauer, engenheiro Ivan. Concorrência Rede Ferroviária Federal, lixo.

Para, pensa e retira da lixeira o edital amassado.

Lê com atenção: "Torno para rodeiro de locomotivas... dois cabeçotes". Diz: "podemos fabricar..."

O Departamento de Engenharia de Vendas da Unidade Rio confirma a pré-viabilidade. Próximo passo: conhecer o processo de usinagem, levantar o nome dos fabricantes (nenhum no Brasil) e as características técnicas dos tornos e preços. Diversas oficinas da rede e da Cia. Paulista de Estradas de Ferro foram visitadas.

O pré-estudo foi encaminhado para o Departamento de Desenvolvimento de Produtos. Nascia o torno para rodeiros de locomotivas, o Brasil deixava de importar uma máquina de alto custo e a Romi abria mais uma expressiva frente de faturamento.

produtos e aperfeiçoamento de existentes é condição para manter participação de mercado e expandir os negócios. A empresa tem que ser inovadora, sempre de olho no mercado, no comprador.

Novos produtos

O setor de desenvolvimento de produtos das indústrias pode colher informações importantes com os vendedores.

Nos contatos com os usuários dos produtos, "vivenciando" e auscultando o mercado, o vendedor tem condições de conhecer, perceber e registrar necessidades, propondo novos produtos e sugerindo ajustamentos pertinentes.

O nascimento de um novo produto (2)

A industrialização exigia a formação e qualificação de operadores de máquinas e equipamentos, em ritmo acelerado. O mercado se expandia. O Senai, escolas profissionais federais e estaduais criavam novos cursos de torneiros para atender a demanda crescente.

A Romi formou um grupo especial para entender e atender aquele segmento. Como consequência, lançou o torno Imor Ensino Profissional, desenvolvido e ajustado às necessidades do ensino. Alavancou as vendas no segmento, enfrentando com indiscutível vantagem os inúmeros pequenos fabricantes.

O nascimento de uma nova linha de produtos

Para sair da concordata, a Bergamo tinha que começar reformulando os seus produtos. O processo envolveu:

- Análise dos produtos existentes;
- Novos projetos, lançamento de nova linha de dormitórios, objetivando a maior padronização possível nos diversos modelos, melhoria da qualidade e maior facilidade para a montagem nos domicílios;
- Produtividade e economias nas compras.

Os novos produtos passaram a ter um excelente custo-benefício, mais acessíveis para maior universo comprador.

Com maiores margens de contribuição e maiores quantidades produzidas, estávamos preparados para as lutas seguintes: vender tudo e manter a empresa enxuta.

A marca "marca" a diferença

Como explica Marty Neumeier, a marca não é o logotipo ou a propaganda de uma empresa, que são controladas pela organização: "A marca é a percepção intuitiva (ou sentimento visceral) de um cliente em relação a um produto, serviço ou a uma empresa. Não é o que você diz que ela é – é o que os OUTROS dizem que ela é."

A marca é um valor que define escolhas. Ela carrega a imagem da empresa e seus produtos. Ela diz da qualidade, seriedade, confiabilidade, integração na comunidade.

Sem marca forte os produtos se nivelam. O preço (custo) será o diferencial, vai definir a compra.

Em entrevista, Philip Kotler destacou o que a marca forte traz para um negócio: "A resposta é simples: é a imagem que permite a uma companhia definir preços, em vez de ficar refém do que o mercado está disposto a pagar".

As pessoas são a marca, enfatiza Peters. Nesse contexto, conduzir um bom relacionamento entre executivos e funcionários, funcionários e clientes, executivos e clientes, torna-se fundamental.

Para ele, a estratégia da empresa não deve focar em entender a necessidade dos resultados, mas das pessoas.

Produto popular com marca

A Bergamo foi a primeira fabricante de móveis populares a colocar marca nos seus dormitórios, uma plaqueta de madeira gravada a fogo. "Este é um dormitório Bergamo", forte ponto de venda, agregando diferencial e valor ao produto.

Qualidade: básica
para o crescimento sustentável

As empresas não podem se acomodar e se contentar com pouco, devem buscar a "excelência". A excelência é uma construção, exige determinação.

Se alguma área não tiver desempenho e eficiência de qualidade, se os seus quadros não forem qualificados, se as terceirizadas não forem competentes, a empresa não prestará excelência em serviços.

Essa posição precisa permear toda a empresa, todos os executivos e funcionários. Sem qualidade, é a morte anunciada!

Promoção: antenado nas oportunidades

Fique esperto! Promoção é uma ferramenta utilíssima para divulgar e criar simpatias. Fazer interagir a empresa com as pessoas, divulgar os produtos.

Melhor do que teorizar sobre o tema é contar algumas historinhas sobre as promoções realizadas pela Romi para o Isetta e o seu resultado: o pequeno carro integrado à sociedade. Ações direcionadas a formadores de opinião: artistas, jornalistas, empresários e nomes da alta sociedade.

Deixa que eu chuto

Objetivo: tornar o carro simpático, ganhar as crianças.

Festa e *shows* no Estádio do Pacaembu, evento promovido pela Associação Brasileira de Emissoras de Rádio e Televisão – ABERT, em comemoração ao Dia da Criança. Estádio lotado, um gigantesco circo: palhaços, rinocerontes, equilibristas, mágicos. Música e alegria!

Abrindo as festividades, 20 Romi Isettas adentram o gramado, cada um com uma enorme bola de plástico colorida na capota.

Entre inúmeras atrações, uma surpreendeu a galera: a partida de futebol dos carros, chutando a bola gigante.

Percebendo o sucesso dos Romi Isettas, foi decidido: saindo do estádio antes do término das festividades, a participação ficaria mais fortemente registrada.

O público de pé aplaudia. O produto ovacionado!

O acontecimento foi transmitido ao vivo pela TV Tupi e por emissoras de rádio.

A "máquina" entra no vácuo

Objetivo: as corridas, além da divulgação, passam a ideia de qualidade mecânica, fator importante na decisão da compra de um carro.

A inauguração do Autódromo de Interlagos trouxe para São Paulo competições de nível internacional. A partir daquela época o automobilismo se consolidou no Brasil, pilotos brasileiros passaram a competir nos mais famosos circuitos do mundo.

Os "amigos" do Clube do Romi Isetta entenderam que as "suas máquinas" poderiam e deveriam competir...

No calendário esportivo da cidade a novidade: corridas de Romi Isetta.

Um dos corredores era o Alberto Ruschel, apaixonado por corridas de automóvel e Isettas. Não ganhava, mas competia sempre.

Cobertura ampla da imprensa, especialmente da *Gazeta Esportiva*, o maior e mais importante jornal de esportes da época.

O dia em que JK virou garoto-propaganda

Objetivo: divulgação nacional. Associar o carro à simpatia e popularidade do presidente Juscelino Kubitschek (JK).

Vésperas da mudança da capital federal, principal assunto na mídia. Soubemos da organização da Caravana da Integração Nacional: colunas exclusivamente com veículos nacionais saindo de diversos pontos do país se encontrariam num dia determinado nos arredores de Brasília para entrar com JK na cidade.

Novamente acendeu uma luz: Juscelino entrar comandando as colunas dentro do Romi Isetta.

Não foi fácil: contatos com a Casa Civil e Casa Militar. Depois de muita argumentação consideraram a ideia boa, dependeria da aprovação pessoal do presidente. O encontro para conversar com ele em Brasília foi armado, no dia em que o presidente inspecionava as obras do Palácio da Alvorada. Rapidamente, com a sua reconhecida sensibilidade, ele achou ótimo.

A logística foi acertada. O Clube do Romi Isetta rumou para Brasília, com 15 carros. Os Romi Isettas à frente das colunas. Juscelino desce de helicóptero. A manhã estava chuvosa, ele de capa e chapéu entrou no Romi Isetta, ficou de pé no banco e com meio corpo para fora (o Romi Isetta era conversível) segurou na mão um mastro com a bandeira brasileira.

Um soldado tocou o clarim, a caravana partiu.

Momento histórico! Até hoje qualquer matéria sobre a fundação de Brasília ou a implantação da indústria automobilística estampa a famosa foto, que foi primeira página na maioria dos jornais brasileiros e de diversos jornais internacionais.

Sem dúvida, o momento maior do Romi Isetta!

Debut no Café Society

Objetivo: o público "A", formador de opinião.

Mar Casado, Praia de Pernambuco (Guarujá). Jequitimar, badalado ponto de encontro da alta sociedade paulistana, propriedade do casal Jorge da Silva Prado e Marjory Prado.

Belo domingo de sol, nas areias brancas da praia foi realizada a gincana Romi Isetta. Presença de muitas figuras da sociedade, artistas, povo da região e imprensa. A cobertura foi abrangente: desde página inteira da *Gazeta Esportiva* até a coluna social de José Tavares de Miranda (*Folha de S. Paulo*).

As provas realizadas dentro dos Romi Isettas. Duplas formadas com o proprietário do carro e uma personalidade em evidência.

Entre outros concorrentes, Alberto Ruschel, as atrizes Ana Maria Nabuco, Araçari de Oliveira, Dorinha Duval. Os atores Renato Consorte, Xando Batista, Milton Morais, Mauricio Nabuco e Brik, assim como o diretor de cinema Carlos Alberto Souza Barros.

O juiz de futebol Oltem Ayres de Abreu, muito competitivo, em dupla com Dorinha Duval, venceu a gincana. Os prêmios foram entregues por Marjory Prado e pelo prefeito do Guarujá, Domingos de Souza.

O prefeito do Guarujá (de branco) abraça o ator Alberto Ruschel. Mario Pacheco Fernandes está logo atrás (de boné de marinheiro)

Helicóptero Band-Semp

A Rádio Bandeirantes apresentou, por meio de Samir Razuk, projeto pioneiro: um helicóptero sobrevoando a cidade de São Paulo, com um especialista em trânsito a bordo para orientar os motoristas em terra.

A Semp apoiou o projeto e assumiu o patrocínio.

Foi um sucesso em termos de visibilidade para a empresa e para a rádio, imitado posteriormente por diversas emissoras.

Relações públicas: bom para a credibilidade

As estratégias e ferramentas de relações públicas são muito úteis para a reputação e a credibilidade das empresas. Ajudam na comunicação, na aproximação e no entendimento com os diversos públicos com os quais a empresa se relaciona. Valem para todo tipo de situação e empresa.

Empresas em dificuldades, além de equacionar e solucionar os problemas internos, precisam trabalhar o ambiente externo: exposição da empresa diante das autoridades, empresários e formadores de opinião, visando a reconquistar a credibilidade para consolidar o trabalho de recuperação.

É preciso sempre lembrar: bons contatos rendem novos negócios.

Copa do Mundo de Futebol, o momento de vendas de TVs

Os fabricantes de televisores investem pesado nos anos de Copa do Mundo.

A Semp inovou na Copa de 1974.

Uma promoção de âmbito nacional envolvendo todos os revendedores, lojistas.

Nome: "As Feras na Alemanha".

Premiação: viagem para a Alemanha para assistir à Copa, um representante de cada empresa com tudo pago.

Os revendedores teriam que aumentar em 50% as vendas efetuadas no ano anterior.

Não houve investimento em mídia. Quando as empresas partem para ações semelhantes, o sucesso depende do maior valor gasto. Obviamente, também, da qualidade da agência de propaganda.

Vinte empresas (as maiores) atingiram e superaram os objetivos.

Na cidade de Colônia, a comitiva, chefiada pelo Marinho Pacheco Fernandes , ficou sediada.

Além do faturamento (vendas), a imagem da Semp foi reforçada e o relacionamento com o pessoal de compras e vendas dos lojistas passou para o patamar da amizade.

Melhores vendas nos anos seguintes, ganho na participação de mercado.

O clima de confraternização e alegria é lembrado até hoje.

Lamentavelmente, naquela Copa as "feras" só miaram...

Evento: Seminário de Desenho Industrial e Marketing do Móvel Popular

Foi um encontro promovido e realizado pela FIESP-CIESP, Diretoria de Tecnologia, sob a responsabilidade de José E. Mindlin.

A Bergamo teve participação ativa na elaboração do programa, na coordenação geral dos debates, palestras e mesas-redondas. Apresentou a sua nova linha de dormitórios populares, novo conceito, marca e design.

Temas interessantes e a oportunidade atraíram fabricantes, lojistas e profissionais do design industrial de todo o Brasil.

No período de concordata, mostrou o que tinha de positivo e sua imagem foi beneficiada, além de terem sido feitos ótimos contatos.

Empresa cidadã

Hoje existe a consciência da obrigação de as empresas se inserirem de forma ativa nas questões vitais da sociedade e do país.

Participar da vida da comunidade, de campanhas e movimentos em favor do meio ambiente, educação, saúde, inclusão social.

Ser uma empresa cidadã! Integrar-se: a missão.

Não por palavras, mas por atos e atitudes.

Atuação e envolvimento

A Romi teve atuação relevante na promoção social e formação de mão de obra especializada, caso da fundação do CIEE – Centro de Integração Empresa-Escola. Fui fundador e participei do Conselho, contribuindo para a imagem da empresa.

Da mesma forma, interagia com órgãos como o Ministério da Educação, o Senai e outros, tomando parte em eventos, ministrando palestras e organizando visitas técnicas. Um exemplo foi a escola técnica completa – com 20 tornos e instrutores – levada para Brasília, a pedido do Ministério da Educação. No final da mostra, vendemos a escola para o Ministério. Ação cidadã que abriu oportunidade de negócio.

Pernambuco x Bahia

O governo de Pernambuco planejou e programou ações visando a "vender" as vantagens comparativas de Pernambuco. Na época, a Bahia estava em maior evidência, atraindo empresas e investimentos.

O governador Paulo Guerra, como primeira providência, inaugurou a Representação de Pernambuco em São Paulo, pela qual fui responsável, ainda nos tempos de Romi. A empresa entendeu que ali havia uma oportunidade e participou ativamente na arrancada da industrialização de Pernambuco.

Os objetivos da Representação eram divulgar o estado e suas potencialidades, atrair e convencer empresários paulistas sobre as vantagens de construírem fábricas no Estado. Um dos resultados foi que a imprensa passou a cobrir com maior interesse as coisas de Pernambuco, aumentando a visibilidade do progresso da região.

Entre as ações bem sucedidas, esteve uma caravana de empresários paulistas a Recife, no início dos anos 1960, com um programa bem organizado e ampla cobertura da imprensa. A *blitz* de Pernambuco para levar empresas para o estado foi reforçada com diversas viagens dos governadores Paulo Guerra e Nilo Coelho a São Paulo. Os resultados foram excelentes, muitas indústrias se instalaram em Pernambuco.

O apresentador Silveira Sampaio (à esq. na foto, junto com Giordano Romi e Mario Pacheco Fernandes) foi um dos jornalistas que estiveram no Recife. Ali, produziu programa sobre os investimentos no estado

Para a Romi, que reconhecia a importância desse relacionamento institucional, surgiram novos relacionamentos e negócios, como a Rominor, fábrica construída no Recife para produzir tornos.

Inauguração da Rominor, com a presença do governador de Pernambuco, Paulo Guerra

Feiras e exposições: o produto frente a frente com o comprador

Exposições e feiras são sempre uma ação de marketing importante. Expor produtos em feiras e nas ruas é prática milenar. Levar o produto até o comprador é uma ação de resultados positivos.

Expor exige planejamento para antes, durante e depois. Nas exposições você está num ambiente compartilhado com os seus concorrentes, disputando a atenção com outros produtos e atrações.

É necessário criar diferenciais para atrair os compradores, bombardeados por milhares de mensagens e apelos. Senão, a sua empresa e seus produtos passam despercebidos. Como nas comunicações, inovar, surpreender...

Museu de Arte Moderna do Rio de Janeiro, o inusitado acontece...

Objetivo: repercutir a empresa na então capital da República.

Exposição num local nada convencional: Museu de Arte Moderna do Rio.

O mercado de máquinas-ferramenta se expandia naquele estado. O Rio era o centro do poder, caixa de ressonância e formador de opinião.

Convencer a presidente do Museu – Niomar Moniz Sodré – a aceitar uma proposta inusitada não foi fácil. De cara, um "não". Depois de diversos encontros, o "sim".

A exposição seria montada no vão principal, nível da rua. A belíssima arquitetura criada pelo arquiteto Rino Levy, além de quadros, exporia pela primeira vez uma máquina.

Tema: "Romi de TP a TP".

Lançamento do torno extrapesado MCD-TP 100. Duas máquinas apenas na exposição: o TP100 e o TP, primeiro torno fabricado pela Romi.

A mostra contava a história da Romi por meio de painéis fotográficos.

Data definida, convites expedidos. Chega ao museu à carreta com o TP100.

O administrador do museu se assustou com o porte da máquina: "Vai desabar o prédio... Não descarrega...". No final, deu tudo certo!

Convidamos o Nelson Teixeira, então diretor da Siderúrgica Barra Mansa, para ir ao Rio conhecer o torno especial para cilindros de laminador. Foi. Gostou e comprou.

A exposição temática do MAM foi um evento diferenciado e eficaz em termos de negócios e altamente promocional, abrangendo e envolvendo parcela expressiva de autoridades, empresários e público.

Foi a primeira e última vez que o MAM cedeu o seu espaço para uma exposição fora da área artística.

Era notícia, a mídia não pôde se omitir.

A primeira feira

A Feira da Mecânica, realizada no Pavilhão Internacional do Ibirapuera, marcou o início de feiras e exposições planejadas e executadas dentro das mais avançadas técnicas na forma de expor para vender.

A Romi planejou a otimização da sua participação. Inovou, na época, na forma de expor.

Foi a primeira empresa a montar escritório de vendas para receber clientes. Os produtos eram expostos sobre um piso pintado, todas as máquinas operando. Nenhuma interferência: decoração, plantinhas, recepcionistas.

Objetivo: foco no produto; mostrar e demonstrar as máquinas e fechar negócios. Hoje essa maneira de participar é muito usada.

Na Feira da Mecânica, Giordano e Alvares Romi apresentam os produtos ao então ministro da Indústria e Comércio, Paulo Egydio Martins

Material à prova de lixeira

Na Bergamo, desenvolvemos um material inovador e criativo na forma de agenda de bolso cobrindo o período da feira. Era uma prestação de serviço, útil para o visitante.

Inovamos ao colocar, em página dupla, o mapa do Pavilhão do Anhembi, assinalando em vermelho a localização da Bergamo e de todos os outros concorrentes, com o título "Compare antes de comprar".

Nas folhas da agenda, algumas brincadeirinhas, todos os dias uma. Exemplos:

- Dia 21- Sábado, às 18h: reunião com o Galló (diretor da Imcosul na época).
- Dia 23 - Segunda-feira: aniversário do Argeu Villaça (diretor do Mappin).
- Dia 25 - Quarta-feira: almoço com o Simon Aluan (Ponto Frio).

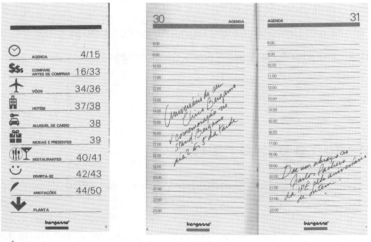

Índice da agenda, com muita informação útil (esq.) e exemplos das brincadeiras com "compromissos" marcados durante o período da feira

Fora da UD, uma estratégia que deu certo

A Bergamo participava todos os anos da Feira de Utilidades Domésticas – UD. Num ano foi resolvido: não participaria.

Decisão estratégica: a presença na ausência.

Primeira ação: aproveitar a vinda de compradores de todo o Brasil para a UD.

Foi publicado na primeira página dos jornais *O Estado de S. Paulo* e *Folha de S. Paulo* o comunicado:

NA UD VOCÊ VÊ TUDO. MENOS BERGAMO

Visite a UD, ela está irresistível, mas não decida a compra de dormitórios antes de conhecer os novos lançamentos da Bergamo, especialmente o revolucionário Sistema Bergamo - o móvel programado.

A divulgação foi reforçada com telegramas personalizados para os clientes, sugerindo que aproveitassem a estada em São Paulo para conhecer a fábrica e os novos lançamentos, encerrando com a frase "Compare antes de comprar".

Foi montado um serviço de transporte dos hotéis para a fábrica, com atendimento especial para os clientes.

Botando o bloco na rua

Objetivo: apresentar às indústrias a linha de produtos, na porta da fábrica.

Muitos empresários de outros estados não vinham para a Feira da Mecânica e algumas empresas mandavam apenas um ou dois profissionais, nem sempre os "canetas" (os caras que têm o poder de decidir).

A Romi organizou as Feiras Itinerantes de Máquinas.

Os tornos eram mostrados e demonstrados, em operação.

A Feira Itinerante visitou as cidades de Salvador, Recife, Brasília, Fortaleza, Belo Horizonte, Joinville e Porto Alegre.

Raul Corte explicava a estratégia com a frase "Se Maomé não vai à montanha, a montanha vai a Maomé".

Os locais escolhidos, na maioria das cidades, eram escolas profissionais. Tais locais eram conseguidos porque levávamos, também, uma escola profissional funcionando.

A localização e a escola caracterizavam um evento menos comercial, mais institucional. Uma ação em prol da industrialização e modernização do parque fabril e a preocupação da Romi (verdadeira) com a formação de mão de obra e promoção social.

Nas cidades visitadas, tínhamos sempre uma ótima acolhida e bons negócios.

Era notícia, ampla cobertura da imprensa regional.

Descobramentos de Recife

A Exposição Itinerante da Romi saiu de Salvador rumo a Recife. A equipe precursora, instalada no Grande Hotel, iniciou os trabalhos: preparação do local para receber as máquinas, contatos com autoridades, imprensa e clientes.

A Exposição do Recife, além do sucesso de vendas, teve desdobramentos: construção de uma fábrica – Rominor – e a Caravana de Industriais Paulistas a Recife (ver páginas 122 e 123).

Festival de Dormitórios Bergamo Mappin

Showroom no ponto de venda. Associando o seu produto e marca a um nome forte e de prestígio. É lá que está o consumidor, ligação direta.

O sucesso da parceria Mappin-Bergamo foi viabilizado pelo diretor do Mappin, Argeu Villaça. Um cara de visão! E pelo Marinho Pacheco Fernandes, diretor de Vendas.

O Mappin era um nome de grande expressão no varejo brasileiro, uma das maiores venda por metro quadrado do mundo. Um andar foi ocupado pela exposição, diversos modelos de dormitórios ambientados.

Na fachada principal da loja da Praça Ramos de Azevedo, em São Paulo, um painel anunciava a "Semana Bergamo"; havia pôsteres em todos os andares com a frase "Compare antes de comprar" e, ocupando meio andar, estavam os dormitórios ambientados e decorados.

Ganhar dinheiro fica mais fácil quando todos ganham.

Lançando um novo produto de forma personalizada

A Bergamo contratou nos Estados Unidos um designer especializado para projetar uma estante multiuso, especialmente para o mercado americano.

Cliente alvo: WalMart.

Foi montada numa suíte de um hotel em Chicago, para onde a diretora de Suprimentos e equipe se deslocaram para conhecer o produto.

A Bergamo aproveitou a experiência e passou a lançar produtos em suítes de hotéis em diversas capitais, na base do "este é o dormitório para o seu público"...

A inovação teve sucesso: boas vendas e aproximação com executivos dos compradores. Surpreender, sempre!

Merchandising: ação eficaz

O *merchandising* inicialmente foi pensado como uma propaganda subliminar, mas hoje escancarou: a TV Globo tem no *merchandising* um gerador importante de receitas. As novelas usam e abusam dessa forma de propaganda.

A apresentação do produto deve estar organicamente inserida na trama. Forçar a barra, propaganda explícita, é negativo.

Figurante pode ser "a" estrela...

A Romi foi certamente uma das primeiras indústrias brasileiras a utilizar o *merchandising* para apresentar o seu novo produto: o carro Romi Isetta.

Objetivo: divulgação do carro, indução da compra. Artistas famosos no Isetta. Propaganda testemunhal, subliminar.

Boate Cave, São Paulo: Anselmo Duarte falou do filme que iria

No filme *Absolutamente Certo!*, Anselmo Duarte, Odete Lara e O Romi Isetta

rodar, *Absolutamente certo!*, a ser estrelado por ele e Odete Lara. Acendeu uma luz: colocar o Romi Isetta no filme.

Lido o roteiro, foi sugerida a participação do Romi Isetta em algumas tomadas. Anselmo aprovou.

Cena marcante: Odete Lara em pé no banco, a capota aberta, Anselmo na calçada, namoro e a conquista.

Uma ação pioneira de *merchandising*.

A repercussão foi grande e altamente positiva: o carro associado à imagem dos artistas, um figurante simpático.

O carro organicamente inserido na história, não um corpo estranho.

Do *merchandising*, evoluímos para a promoção.

Aproveitando a onda, o Clube do Romi Isetta (ver páginas 100 e 101) convocou seus associados e 30 deles seguiram para o Rio.

O presidente da Romi, Sr. Emilio, e diretores do Clube da Romi Isetta foram recebidos pelo governador Negrão de Lima. O governador em exercício de São Paulo, Porfirio da Paz, foi para o Rio para integrar a caravana. Presentes também na audiência: Dercy Gonçalves, Anselmo Duarte, Odete Lara, a bailarina Iris Castelani.

Avant première no Cine São Luiz, no largo do Machado. A caravana tomou posição, em fila indiana, no Posto Seis, Praia de Copacabana.

Em cada Romi Isetta um ator ou atriz, o iluminador, o diretor, produtores e técnicos.

Mais uma vez, o inusitado atraiu os olhares da população e a força centrípeta dos artistas manteve a atenção.

Batedores (motociclistas da Polícia, em uniforme de gala) e a caravana rumaram para o Cine São Luiz.

A *première* do filme foi produzida no estilo hollywoodiano: iluminação feérica, tapete vermelho e banda de música.

O Largo do Machado estava apinhado de gente. Na entrada, os artistas receberam o carinho dos fãs e aplausos.

A sala de projeção estava lotada de convidados especiais.

A imprensa noticiou com destaque.

O Clube da Romi Isetta organizou uma caravana ao Rio de Janeiro para o lançamento do filme. Na foto, da esq. p/ dir., Emilio Romi, Iris Castelani, Mario Pacheco Fernandes, Aurélio Teixeira, Anselmo Duarte, Dercy Gonçalves, governador Negrão de Lima, general Porfirio da Paz (vice-governador de São Paulo) e Odete Lara, no Palácio das Laranjeiras

8.

VENDAS

Agora é com os vendedores

A empresa investiu, criou e desenvolveu produtos e serviços de qualidade. O pessoal envolvido trabalhou duro e com competência. Agora é com o pessoal de vendas, fazer o gol...

As técnicas de vendas que aprendi no início da minha carreira continuam as mesmas. Superadas, no meu entender, desde o ano de 1960. Até hoje assisto a cursos em que o ensinado não mudou.

Não existe favor na transação de venda e compra.

Estamos falando de negociação entre partes. Eu vendo, ele compra.

A transação só se efetivará se eu (empresa) ganhar dinheiro e se o comprador ganhar dinheiro.

É uma negociação. Ninguém está fazendo favor a ninguém.

O cliente tem sempre razão

Errado! Até hoje ouvimos esta bobagem. Essa é uma daquelas frases batidas, proferidas por muitos, mas que não fazem sentido.

Quem tem razão é quem tem a razão. Pode ser o cliente ou não.

Atendimento, a chave do sucesso

Ponto de destaque na consolidação de uma empresa no mercado é o modo como ela se comunica com seu público.

"As empresas estão tão preocupadas em conseguir novos clientes que se esquecem de fazer pequenas coisas para manter seus clientes atuais", diz Tom Peters. Para ele, as organizações que buscam atender bem seus clientes ganham disseminadores em potencial de seus produtos. "Os consumidores confiam mais na indicação de um cliente do que no anúncio", afirma.

O mesmo princípio é defendido por Philip Kotler, assim como por Tony Cruz, que assinala: "Mais do que sistemas que avaliam os resultados financeiros e produtividade, o ideal é contar também com indicadores de desempenho dos processos que apontem claramente se as expectativas dos seus clientes estão sendo atingidas."

O diretor comercial é o responsável pelas estratégias e pela equipe de vendedores.

A liderança, liderança verdadeira, nessa área é fundamental.

Os vendedores estão sujeitos a desgastes físicos e emocionais muito fortes no dia a dia do seu trabalho.

Se não houver motivação, orientação e apoio, o "motor das vendas" vai ratear...

Se nós "atendemos" as necessidades dos clientes (compradores) nós somos profissionais de atendimento.

Treinamento

Tudo começa com a seleção dos vendedores e treinamento.

O vendedor, para vender o seu produto, precisa conhecer as vantagens comparativas, seus diferenciais e características. Conhecer a fábrica: processos de produção, equipamentos, o controle de qualidade. Conhecer a empresa: seus dirigentes, ambiente de trabalho, normas e procedimentos. O que está por trás do produto! A eloquência só é possível se dominarmos o assunto...

O treinamento é um processo contínuo: novos produtos, novidades da concorrência, técnicas de comunicação e novos meios de abordagem.

Releva mencionar que o desenvolvimento do profissional é um ganho, melhorando a competência e agregando valor ao currículo.

Selecionar e treinar é preciso. A qualidade das empresas é definida pela qualidade da sua gente. O vendedor é ponta do *iceberg*, a parte mais visível.

Vendedor, você é a empresa no cliente. Você é o cliente na empresa.

A imagem da empresa começa a ser formada por você a partir da sua postura, comportamento e competência.

Na empresa, você é o responsável pelo cliente, diligenciando para que o atendimento seja o melhor possível. Berrando quando necessário! Afinal, só o bom e eficaz atendimento resultará em novas vendas, o que é fundamental para você e para a empresa.

Fidelidade

Conquistar o cliente e não manter a fidelidade não é conquista. Depende do vendedor e da qualidade permanente dos serviços prestados pela organização.

É o que explica Marty Neumeier: "O relacionamento apenas se torna mútuo quando os clientes sentem que sua fidelidade foi bem recebida. A fidelidade do cliente não é um programa. Ela começa com as empresas sendo fiéis aos clientes – não o oposto."

A fidelidade depende do vendedor e da qualidade permanente dos serviços prestados pela organização. Vender e conseguir a fidelização do cliente é o seu ofício, caro vendedor.

"Pilha" no pessoal

A motivação é a força motriz que move e mantém o entusiasmo das pessoas, realimentando-as para os embates do dia a dia, como foi mostrado no capítulo 4.

Na área de vendas, ela é decisiva considerando-se os desgastes a que estão sujeitos os vendedores frente aos compradores, somados ao terrível trânsito e a outros problemas do dia a dia...

Existe uma linha tênue entre a motivação de resultados e a motivação piegas e demagógica. Uma política de motivação consistente precisa ser definida e implementada.

A motivação tem que ser um processo contínuo de energização (dar pilha). A caminhada é dura, e no dia 1º de janeiro começa tudo de novo.

Não são palavras que motivam, são atitudes e atos.

A motivação é indispensável, qualquer que seja a forma de remuneração.

Alegria é motivadora.

Saber por que perdemos

Administrar é ter informação.

Normalmente, as empresas tomam conhecimento das vendas realizadas por meio de relatórios. As vendas perdidas também devem ser relatadas, pois informam por que perdemos "aquela" venda. Informação valiosa, mas pouco utilizada.

O relatório de "negócio perdido" foi implantado pela Romi no ano de 1962 e se mostrou da máxima importância para a direção de marketing e vendas. É válido para qualquer empresa, qualquer produto e venda de serviços.

Mais importante do que saber por que ganhamos um negócio é saber por que perdemos.

Quem vendeu? O que foi vendido? Qual a marca? Características? Qual o preço? E as condições?

A finalidade é – a partir de um negócio perdido – levantar informações para o desenvolvimento, ajustes e aperfeiçoamento de produtos, aferição da ação da concorrência (acertos e deficiências), política de preços, condições de venda e financiamentos e conhecer problemas eventuais, nos processos na área de operação e atendimento.

Não é um relatório para aferir o desempenho do vendedor.

O cliente é da empresa ou do vendedor?

Falso questionamento, não é de um nem de outro.

Ninguém é dono do cliente!

Vender a solução do problema do cliente

A Romi foi a fundo nas modificações da área de vendas para trabalhar efetivamente o conceito "atender as necessidades do cliente".

Foi na década de 1960, uma revolução para a época.

Acabou com a denominação de vendedor. O "Contato" era o profissional que visitava o cliente e conhecia as suas necessidades (no caso usinagens), indicando a melhor solução em temos de produtos, qual o torno certo para aquela operação.

Uma força de vendas para vender máquinas: venda técnica.

O lema: "Mais que produtos, vendemos serviços. O produto é o meio para atendermos as necessidades e aspirações dos compradores."

Os contatos tinham de passar por cursos e treinamento obrigatórios: técnica de vendas, comunicação e liderança. Eram estimulados ainda a estudar marketing, oratória e idiomas. Faziam estágio de três meses na fábrica em Santa Bárbara D'Oeste, em tempo integral, para ter noções básicas de usinagem e operação, conhecer profundamente a linha de tornos e suas aplicações. Inclusive máquinas da concorrência.

Trabalho de equipe

As transformações no sistema de vendas – que envolveram também a reformulação da forma de remuneração, como pode ser visto mais adiante – foram até as últimas consequências.

As vendas não eram mais trabalhadas e efetivadas por uma pessoa e sim por um dos grupos de vendas. Trabalho em equipes, potencializando características e competências na busca pelo resultado ótimo, para ambas as partes.

Cada grupo era responsável por uma área geográfica definida, cobrindo todos os clientes, pequenos (oficinas mecânicas), médios e grandes.

Prospectado e analisado o mercado, avaliada a concorrência (participação e métodos), estimadas perspectivas e potencialidades presentes e futuras do segmento e das empresas, foram definidas novas técnicas de abordagem e trabalho.

O pessoal da empresa compradora – todos, todos mesmo – pode somar e facilitar a construção e o fechamento das vendas. No mínimo, criando energias positivas e boa vontade. Dar atenção, contando quem somos e o que fazemos. Conquistar aliados: do presidente ao *boy* (diretores, gerentes, engenheiros, técnicos e operadores de máquinas, secretárias e recepcionistas).

Suporte técnico para uma venda técnica

Os contatos, com um bom conhecimento dos problemas de usinagem, detectavam as necessidades dos clientes. O Departamento de Engenharia de Aplicação indicava o torno certo, definindo o desempenho e agregando recomendações técnicas.

Todos entrosados trabalhando em equipe.

> **Extinção das revendas**
>
> Com os excelentes resultados alcançados, a Romi assumiu a venda direta em todo o país, implantando filiais.
>
> Novos profissionais foram contratados e treinados nas regiões.
>
> A extinção das revendas se tornou necessária para que fosse levado até as últimas consequências o principio básico do marketing adotado.

O marketing definindo a política de remuneração e a ação dos vendedores

A empresa define os objetivos a serem atingidos a médio e longo prazo para atender as necessidades e expectativas dos usuários (compradores).

Tarefa para o pessoal de marketing: planejar a política de vendas. Incluindo estratégias e remuneração.

Entendemos que a melhor forma de remunerar os profissionais da área dependerá de características e peculiaridades da empresa, do produto e dos objetivos de curto, médio e longo prazo.

Remuneração fixa: administrar o sistema tradicional – vendeu ganhou, não vendeu, não ganhou – é mais fácil.

O sistema inovado pela Romi (ver *box* a seguir) é mais complexo e trabalhoso, exigindo maior qualificação das chefias e posicionamentos claros e transparentes.

Lideranças autênticas, reconhecidas e aceitas pelo grupo são fundamentais.

Implantação de carreira. A fixação dos salários, diferenciados nos diversos níveis da carreira, premiação em espécie no final do exercício.

Vendedores competentes comissionados ganham bem; vendedores com remuneração fixa precisam ganhar bem.

Carreira estruturada, com todos os degraus e respectivos salários.

Transparente e do conhecimento de todos. Premiação extra, na forma de bonificações, para os integrantes de cada grupo que atinjam e superem as cotas. Pagamento em dinheiro no encerramento do ano, final de dezembro.

Mudanças profundas exigem audácia e coragem

Para vender "soluções", o esquema tradicional de remuneração de vendedores, no caso da Romi, era um obstáculo.

A linha de tornos produzidos era grande, desde tornos pequenos até tornos especiais para trabalhos mais complexos ou pesados.

O vendedor normalmente tentava vender o mais caro; em caso de dificuldade, partia para a venda do mais barato.

O pedido era a motivação urgente, importante era a comissão no bolso.

A remuneração da "força de vendas" passou a ser feita por desempenho e não mais diretamente relacionada a cada negócio concluído.

Os custos da área de vendas não foram reduzidos, o ganho foi expresso na qualidade dos negócios, na produtividade dos homens de venda, no melhor atendimento ao cliente, na consolidação da imagem da empresa e nas vantagens inegáveis para os profissionais de venda.

A professora Polia Lerner Hamburger, da área de Marketing da FGV, participou e emprestou sua experiência e seu saber para a formulação do projeto, acompanhando a sua implantação.

O novo sistema de remuneração de vendedores repercutiu no mundo empresarial e assustou. O interesse e a curiosidade pelo novo colocaram a Romi em evidência: palestras e seminários em faculdades, artigos e reportagens, inclusive no exterior.

Também houve muitas críticas e posições radicalmente contrárias. A Arcesp – Associação de Representantes Comerciais do Estado de São Paulo, entidade poderosa na época, decretou guerra: "A soldo dos patrões...", "Inimigo dos vendedores...", "Diga não a este absurdo"!

Uma iniciativa polêmica produz dividendos também para a divulgação e a imagem da empresa. Quando o tema é consistente e defensável.

As pessoas buscam segurança nos seus empregos, retribuição justa à sua competência e ao seu esforço, assim como perspectivas de crescimento (ascensão) na empresa a que se vincularam. A carreira representa a melhor resposta.

Importante:

- A empresa não deve adotar o sistema de remuneração fixa tendo como objetivo a redução de custos. O objetivo deve ser a qualidade do trabalho que será prestado para o cliente.

- Não deve ser utilizado na mesma empresa o sistema fixo para alguns e de comissões para outros.

O canal de vendas, varejo

O segmento de varejo sofreu profundas modificações nas últimas décadas. Fusões, entrada no mercado de grandes *players* internacionais.

Principalmente a venda pela internet, com crescimento fortíssimo todos os anos.

Empresas desapareceram, grandes nomes que fizeram história no comércio brasileiro evaporaram:

- São Paulo – Eletroradiobraz, Ultralar, Arapuã, Loja Pirani, Cassio Muniz, Casas Centro, Dominó Móveis,

Isnard, Lojas Sangia, A Sensação, Clipper, Três Leões, Sears, Eletrolandia, G.Aronson, Bazar 13, Tamakavy, Mappin, Mesbla.

- Rio – Brastel, Mesbla, Ducal, Garson, Casas Sendas, Casa da Banha.
- Minas – Inglesa Levy, Casa do Rádio, Bemoreira, Guanabara.
- Paraná – Hermes Macedo.
- Rio Grande do Sul – JH Santos, Imcosul, A Soberana Móveis.
- Pará – Radiolux.
- Ceará – Roncy, Radiolar, J.Macedo.
- Piauí – Armazém Paraíba.
- Pernambuco – Socic, Bom Preço, Lojas Primavera.
- Bahia – Lojas Ipê, Paes Mendonça, Movelar.

Vender para grandes lojas e magazines não era uma tarefa fácil, o potencial de compra e o poder econômico estreitavam a margem de lucro dos fabricantes.

Todos que labutam no ramo conhecem histórias de fabricantes – como os de televisores – que foram expelidos do mercado, encerrando as atividades, pela pressão e poder de compra de algumas empresas.

Hoje a concentração é maior, empresas mais poderosas.

Ponto de venda, aqui se decide a compra

A venda de bens de consumo duráveis é decidida na maioria das vezes no "ponto de venda", na loja. Mesmo o comprador que chega com uma marca já escolhida pode mudar, se trabalhado pelos balconistas.

Ainda hoje é comum o uso de "guelta", incentivo em dinheiro para cada venda (parente do "jabá", nas rádios) oferecido pelos fabricantes. Mas há outras formas de trabalhar com os balconistas, para alavancar as vendas.

No lugar da "guelta", outra estratégia

A Gradiente e a Semp (imagem e som) e a Bergamo (móveis) entenderam que a "guelta" não alavancava as vendas, os balconistas ganhavam "algum" de todos.

O vendedor da loja não gostava de indicar uma marca, temia ter problemas no pós-venda. A reclamação era sempre dirigida, no primeiro momento, ao balconista.

A estratégia adotada por essas empresas envolveu, primeiramente, passar segurança aos balconistas.

O marketing de guerrilha entrou em cena, com o objetivo de conquistar aliados e ocupar o terreno. Como? Criando, desenvolvendo e mantendo relacionamento personalizado com balconistas e gerentes das lojas. Ações programadas, executadas com rigor, objetivando transformá-los em "amigos vendedores".

Outro pilar da estratégia foi o treinamento, partindo do princípio de que o balconista, para vender o seu produto, precisa conhecer as vantagens comparativas, seus diferenciais e características.

Eles eram levados a conhecer a fábrica: processos de produção, equipamentos, a qualificação dos profissionais da planta, o controle de qualidade. O que está por trás do produto!

Outras ações fundamentais:

- Cadastro de balconistas das lojas mais importantes.
- Reuniões com os balconistas para conhecerem bem os produtos.
- Visita à fábrica.
- Manter fluxo de informações com eles: novidades, lançamentos, promoções.
- Ações, simpatia: telegrama cumprimentado pelo aniversário.
- Apoio: todos os balconistas recebiam o número do telefone residencial do "visitador" para ligar em caso de algum problema com o produto (assistência técnica ou montagem), a qualquer dia e hora. Inclusive sábados, domingos e feriados.

Vender para os lojistas é apenas a primeira etapa no processo da venda: a transferência de estoque da fábrica para os revendedores.

A venda se efetiva de fato quando o consumidor leva o produto para casa.

Vender a qualquer preço não dá... Sem lucro, é a morte.

Defesa para os arrochos:

- Não existe produto caro ou barato.
- Produto caro é o que não "roda" no ponto de venda.
- Produto barato é o que "roda", independente do seu custo.

O trabalho no ponto de venda se incumbia de "rodar" rapidamente abrindo espaço para novas vendas

Hoje, com os recursos da informática, tudo é mais fácil.

Jus esperniandi

A concorrência nunca morrerá sem espernear... Pode mudar de nome e endereço. Estará sempre no nosso pé, copiando o que fizemos e estamos fazendo.

A concorrência inova e evolui, ocupa espaços. Incômodo permanente! Ter concorrente é o normal. Ignorar a concorrência é perigoso.

Existem diretores de empresas que consideram o cliente "uma besta" quando compram do concorrente. Advinha quem é a besta?

Toda soberba será castigada!

9.

REUNIÕES E CONVENÇÕES

9.

REUNIÕES E CONVENÍECES

Objetividade, sem lero-lero, sem autolouvação

Os encontros de trabalho das chefias com os seus colaboradores são prática comum nas empresas. Às vezes, até exageradas.

As reuniões somente se justificam se tiverem os objetivos bem definidos. Não devem ser levados para a reunião assuntos de rotina que não interessem a todos os presentes. A pauta precisa ser preparada e distribuída com antecedência.

As reuniões são válidas quando tratam de temas que dizem respeito a melhor desempenho, aperfeiçoamento da operação, comportamento do mercado e da concorrência, estratégias, objetivos, análise de resultados, críticas e sugestões.

A participação ativa dos convidados é fundamental. Se não houver participação, só o chefe fala, não precisaria da reunião. Basta mandar instruções.

Evitar perder tempo precioso com reuniões e comitês desnecessários.

"Vamos fazer uma reunião..." Forma simplista de protelar um assunto, desculpa para não resolver na hora.

É muito comum só diretores e gerentes falarem para uma plateia muda, em reuniões de trabalho e convenções, na base do "Eu falo, você escuta..."

Essa não é uma prática construtiva. As reuniões devem ter espaço para a manifestação da galera: troca de experiências, relato de sucessos e insucessos, críticas e sugestões.

As chefias precisam entender a importância e se dispor a ouvir o seu pessoal e "as vozes da rua".

Ou seja, o administrador não pode ficar fechado em seu gabinete: ele tem de circular, conversar e perceber o que está acontecendo à sua volta.

Reuniões como rotina

Na Semp havia reuniões diárias com início às 8 e término às 9h.

Pontualidade: exatamente às 8h a porta era fechada e, se algum atrasadinho (raríssimo) chegasse um minuto depois, não entrava.

A pauta era distribuída na véspera.

O roteiro da reunião era dividido em quatro blocos de dez minutos cada. Um bloco final de 20 minutos para assuntos gerais.

Às 9h em ponto acabava a reunião. Nas reuniões, a presença do diretor da área, cujos assuntos iriam ser discutidos, era obrigatória.

O presidente e o superintendente participavam com frequência.

Reuniões de alta produtividade e objetivas

Romi, reunião (diária), presença do diretor de Vendas e vendedores.

Inicio às 7h da manhã. Explicação: os vendedores precisavam estar liberados até as 8h, o expediente nas indústrias começa muito cedo.

Exclusivamente sobre vendas e assuntos que tivessem influência nas vendas: qualidade do produto, assistência técnica, administração de venda (operação), ação da concorrência. Agendas das visitas do dia.

Convenções de vendas

As convenções de vendas são necessárias, especialmente quando a empresa opera em todo o território nacional, para integrar as equipes, aperfeiçoar o trabalho e ensejar a troca de experiências. Estabelecer normas, procedimentos e posturas. Definir objetivos e metas.

Da mesma forma, a participação em feiras e exposições precisa ser planejada e o pessoal que vai dar plantões deve estar devidamente treinado para a obtenção dos melhores resultados.

Encontros entre dirigentes e funcionários são o momento e a oportunidade para críticas e sugestões, sem cerceamentos e medo de provocar melindres. A experiência de cada um ajudando a melhorar o desempenho de todos.

Uma via de mão dupla, cuja pista principal deve ser a linha de frente, o pessoal que vive o mercado.

Preparando a feira

Romi: dias antes da abertura da Feira da Mecânica (São Paulo) era realizada a convenção anual de vendas. Toda a força de vendas, incluindo os contatos das unidades regionais, participava.

"Participava" é a palavra, não eram reuniões em que só falam os diretores e gerentes.

Os principais pontos: o produto, a assistência técnica, divulgação e eventos, a concorrência, o mercado, a retaguarda (áreas administrativas), tabela de preços e condições de financiamento e tudo o mais que estivesse relacionado direta ou indiretamente com os clientes e o mercado.

As discussões e os debates eram proativos, todos juntos buscando o melhor.

Na outra mão, a palavra dos responsáveis pelas áreas de produção, projetos, assistência técnica, operações e administração. Apresentação de novos produtos.

Finalmente, as diretrizes para os trabalhos durante a Feira.

10.

A TURBULÊNCIA
DO MERCADO FAZ PARTE

Freio de arrumação

Nada a ver com crises. As empresas devem de vez em quando dar "uma arrumada", é salutar.

As ações precisam ser analisados e implementadas com inteligência e racionalidade. Risco: morrer pela cura!

Cenários:

1. O que funcionava bem ontem poderá não estar mais funcionando bem hoje. O mercado muda, os clientes passam a ter novas exigências e expectativas, a concorrência evolui. No processo de crescimento, a empresa pode estar carecendo de novos profissionais com novas competências.

2. O mercado está *bombando*, estamos vendendo bem. O crescimento rápido do faturamento e lucros anestesiou a administração; sem controle, os custos foram inflados. O "sagrado" lucro despencou.

3. O mercado está bom, comprador. Nossas vendas em queda. É mais fácil, preserva o nosso ego, atribuir "à crise" o que não anda bem na empresa. "Nós administramos bem..."; "Continuamos a administrar bem." Justificativa maneira para a queda das vendas. Transferir a nossa incompetência para fora dos nossos muros...

Nada pode ser feito atabalhoadamente. A transparência nesse momento é de vital importância. Os funcionários precisam ser informados, o ideal é que participem. O freio de arrumação é, simplisticamente, cortar gorduras, reforçar o time. Ficar mais forte.

Em tempo de crise

"Que crise é esta?": é preciso localizar origem e causas.

Diagnosticar com clareza, avaliando seus possíveis desdobramentos.

Todas as ações a serem implementadas não podem deixar de considerar o amanhã: a empresa permanecerá no mercado depois das turbulências.

Vale quase tudo, menos cortar cabeças e pernas.

Depois da tempestade vem a bonança.

Fatores externos (turbulências) atingem todas as empresas. Exemplos: o Golpe de 1964 e a bolha imobiliária americana, em 2008.

As repercussões nas empresas são diversas e variadas, atingindo com maior ou menor intensidade segmentos (ramos de atividade) e em momentos diferentes. Todos serão atingidos. Obviamente, empresas bem administradas sofrerão menos.

O susto

O faturamento caiu. As televisões e jornais noticiam e comentam diariamente a crise. Os governantes, desorientados, perpetram "medidas saneadoras". Os empresários trocam figurinhas, informações e medos... Com colegas só falam na crise.

Açodamento nas providências "salvadoras".

"Preparar a casa para a borrasca", o grito dos desesperados. "Vamos agir, rápido!"

Assustada, a diretoria adota medidas intempestivas: corta gente, corta propaganda, corta o cafezinho...

Resultante: clima de terror, de fim de festa!... Insegurança.

Nas crises, precisamos ser proativos.

A empresa pode ganhar mercado nas crises. Depende do posicionamento dos dirigentes. Chorar e se lamentar? Ser criativo e determinado?

Pintou crise, é hora de ganhar mercado...

Como ensina Sidney Ito, "Cortar custos também é cortar conhecimento. Muitos cortes podem levar ao colapso de uma empresa. Existem outros fatores que podem ser controlados, como encontrar e investir em suas vantagens competitivas, buscar novos mercados e, é claro, buscar inovações dentro da própria empresa".

A borrasca passa.

Você não terá cortado o futuro da empresa? Quando o mercado se normalizar, a empresa pode estar menos apetrechada para novos sucessos. Perda na crise e perda na retomada do mercado!

Nas crises, o foco deve ser vender mais e melhor. Reforçar a área de marketing e vendas.

É mais fácil "cortar" do que buscar aumento e qualidade das vendas.

Com a palavra, o mestre John Kotter: "Provavelmente, a pior coisa que se pode fazer... é entrar em pânico e, tal como um lemingue corporativo, levar a sua empresa à beira de um penhasco, em nome da economia de custos. A recessão terminará um dia. Se você tiver realizado pouco, durante o período ruim, para impulsionar os serviços, melhorar seu produto ou desenvolver novos lançamentos, ficará lá atrás quando o céu finalmente clarear".

Pior do que qualquer crise é o que fazemos em tempos de crise. Pensar no hoje de olho no amanhã!

Ações precipitadas, aplicadas de forma inadequada (intempestivas), deixarão sequelas.

Nas tempestades, mais que nunca, é necessário um experiente timoneiro. Competente, racional, frio e decidido. Qualquer besteira, naufrágio!

Comportamento perante a turbulência:

- Definir com clareza prioridades e objetivos.
- Ser proativo.
- Preservar e reforçar a motivação dos colaboradores.
- Passar segurança para os funcionários, explicando que os cortes são ajustes para melhoria dos processos. Aliás, prática normal mesmo com o mercado aquecido.

Pânico na área do pessoal é desastroso. Imaginar que o medo de perder o emprego melhorará o desempenho é rematada besteira.

Exemplos do que deve ser feito:

- Lançar novos produtos, buscar novos nichos de mercado.
- Adotar política de preços (desconto) mais agressiva.

- Evitar a todo custo perder clientes.

- Investir em propaganda e divulgação.

- Conquistar clientes da concorrência.

- Nunca usar a palavra "crise".

Nas crises e no freio de arrumação, a transparência é fundamental.

Todos precisam saber das dificuldades (momentâneas, cíclicas) e ser convocados para um esforço maior. Todos estão no mesmo barco...

Nessas ocasiões, os funcionários ficam aflitos e preocupados, as fofocas correm soltas... Entra no ar a Rádio Peão (ver capítulo 2). Principalmente se a empresa não tem uma cultura de transparência.

A diretoria deverá ser transparente, informando à força de trabalho o que está sendo feito, com clareza e objetividade, para que não se instale um clima de insegurança, desencanto com a empresa.

Aprendemos no jornalismo: fato e versão, se não formos claros, prevalecerá a versão.

A Rádio Peão adora a "versão"...

Golpe de 64:
golpe nas instituições e nas vendas

As vendas despencaram a partir do dia 1º de abril de 1964.

A insegurança institucional parou o país, explicável apreensão, final da crise imprevisível.

A área comercial da Romi toma uma decisão: manter a tranquilidade e planejar as vendas para o período da crise, buscando passar para toda a empresa expectativas mais alentadoras.

Gerentes e chefias foram convocados para uma reunião na Chácara Querência, em Iracemápolis-SP.

Dois dias (e noites) de trabalho duro, análises e estudos, busca de novos caminhos; motivação para a equipe num momento difícil.

Quando um problema parece insolúvel, se você com tranquilidade, inteligência e determinação se detiver para superá-lo vai certamente encontrar mil soluções!

O grupo preparou a "Carta de Iracemápolis", um documento analítico da crise e um plano emergencial para atravessar a borrasca, evitando o quanto possível sequelas.

No terceiro dia, pela manhã, a diretoria da Romi (todos os irmãos Romi) foi até a chácara para receber a "Carta de Iracemápolis".

Por pior que seja a crise, tem sempre alguém comprando, alguém vendendo... Nessa situação, o "alguém vendendo" tem que ser a nossa empresa!...

Atravessamos alguns meses difíceis para retomar novamente as curvas ascendentes de vendas. O tsunami passou, a empresa estava inteira para a arrancada.

O momento de virar pelo avesso: o que pode e deve ser feito em situações-limite

Administrar empresa em situações-limite é uma verdadeira pós-graduação, experiência altamente instrutiva.

Exige equilíbrio emocional, garra, determinação, decisões rápidas.

Limitações e pressões por todos os lados, problemas pipocando.

Definir prioridades e correr atrás.

Primeira ação, uma boa equipe.

Ações paralelas

Reconquistar a credibilidade: a empresa em situação crítica, além de equacionar e solucionar os problemas internos precisa trabalhar o ambiente externo: exposição da empresa diante das autoridades, empresários e formadores de opinião, visando a reconquistar a credibilidade para consolidar o trabalho de recuperação. (ver mais no capítulo 7)

Experiência vivida

Assumimos a Bergamo logo após o pedido da concordata. Tínhamos consciência do desafio e das dificuldades que enfrentaríamos.

A Bergamo havia começado como uma marcenaria, tornando-se com o tempo a maior fábrica de móveis do Brasil, adotando nos seus processos a tecnologia mais avançada no mundo.

A situação em que a encontramos: suspensão do fornecimento de matérias-primas e componentes, salários atrasados, moral dos funcionários no chão... Os compradores, intranquilos, deixaram de comprar.

Definido um plano de ação: Nestor Bergamo se responsabilizaria pelo passado (BNDE, problemas fiscais e bancos). A nova equipe responsável pela operação buscava lucros indispensáveis e urgentes e se dedicava à pilotagem das dívidas com fornecedores.

Virando pelo avesso

A diretoria foi substituída e novos gerentes foram nomeados.

Transparência e clareza nas ações, indispensável para recuperar a moral da equipe. Saneamento de alto a baixo.

Administrar olhando para frente, sem ficar procurando culpados.

No dia em que assumimos os operários estavam parados.

Convocados os operários e lideranças para uma assembleia. Foram colocadas com clareza as enormes dificuldades a serem superadas: "Se vocês cruzarem os braços, paramos de produzir. A Bergamo quebra..." A trégua foi conseguida.

Demitido mais de 30% do pessoal, eliminadas muitas diretorias, gerências e chefias. Decisão sempre dolorosa!

Nova linha de dormitórios

Análise dos produtos existentes e lançamento de nova linha de dormitórios, objetivando a maior padronização possível nos diversos modelos, melhoria da qualidade e maior facilidade para a montagem nos domicílios. Maior produtividade nas linhas, economia nas compras pelas padronizações.

Os novos produtos passaram a ter um excelente custo-benefício. Mais acessíveis para maior universo comprador. Maior margem de contribuição por unidade.

Os principais fornecedores tiveram a sensibilidade e acreditaram na nova administração, restabelecendo os fornecimentos e concedendo prazos para os pagamentos das novas compras.

Os débitos do passado foram escalonados e pagos em dia.

Os estoques de matérias-primas foram equalizados.

Just-in-time: matéria-prima, peças e componentes na quantidade necessária, no momento de entrar na linha de produção.

Com maiores quantidades produzidas, precisávamos apenas de um bom planejamento de marketing. Sem verba.

Vendendo tudo e mantendo a empresa enxuta, sairíamos da concordata. Saímos! Um ano antes do prazo previsto.

A Bergamo foi citada como exemplo, em matéria no jornal *O Globo*: "Técnicos do BNDE explicaram que o caminho da recuperação da Wallig é o mesmo já trilhado pela Bergamo, de São Paulo, alguns anos atrás. A empresa entrou em crise financeira e pediu ajuda, mas o governo recusou-se a intervir e apenas ajudou na contratação de um administrador eficiente. Em dois anos, a empresa pagou seus credores e, este ano, já voltou a dar lucro".

11.

CONSULTORIA:
UM OLHAR DE FORA

Trabalhar em empresas de consultoria e assessoria é uma experiência válida para o aperfeiçoamento profissional de executivos.

É uma atividade que soma em conhecimentos, proporciona visão mais abrangente de mercados, de técnicas de administração, enseja contatos com outros administradores e empresários.

Empresas de consultoria e assessoria devem ser contratadas, são necessárias para a sistematização e aperfeiçoamento da operação.

Um olhar de fora vê melhor!

Na contratação de um consultor ou empresa de consultoria, muita atenção. Há muitas empresas excelentes, outras nem tanto.

É um *métier* que permite muita enganação: diagnósticos enlatados, providências idem, pirotecnia.

O perfil e as características de consultores e executivos são diferentes.

O executivo de "nascença" não consegue se cingir a análises e sugestões, extensos relatórios ensinando a melhorar o desempenho, ele fica aflito para implementar.

Como consultor, junto com um grupo de profissionais, fizemos trabalhos para várias empresas: Fotoptica, Moto Importadora (Manaus), Corema, Sid Informática, Casas Pernambucanas (SP), Eternit, entre outros.

Alguns exemplos do que fizemos, com os porquês e os resultados, são apresentados a seguir.

Vip Shop – A maneira automática de comprar

Idealizada por Roberto Roxo e Alex Periscinoto, o sistema Vip Shop foi precursor da venda fora das lojas.

Não existia internet.

O folheto criado pelo Alex Periscinoto destacava os diferenciais da Vip Shop: "A nova maneira de você comprar eletrodomésticos, sem sair do lugar"; "Nossos produtos são mais baratos porque não são onerados com aluguéis, equipes de venda, publicidade, decoração etc."

Um acordo com o Unibanco permitia oferecer prestações mais baixas (com juros menores) e facilitava a compra para os correntistas.

Visibilidade e relacionamento

Em conjunto com a Cooperativa de Comunicação – de Marinho Pacheco Fernandes e Renato Castanhari –, agência da Eternit, planejamos e executamos a promoção para homenagear os 500 anos do Brasil e registrar os 60 anos da empresa.

Mil mudas de pau-brasil foram entregues a arquitetos, engenheiros e construtores. Uma ação oportuna de relações públicas e promoção. O retorno foi excelente e repercutiu na imprensa. A ação foi citada inclusive em artigo de Ignácio de Loyola Brandão, no jornal *O Estado de S.Paulo* de 16 de abril de 2000, mencionando que a agência que atende a Eternit "sugeriu à empresa que entrasse na campanha de doar pau-brasil e o cliente aprovou."

Ações promocionais: consultoria especializada ajuda

Atuando como consultores, planejamos duas ações promocionais de alcance nacional para a Sid Informática, do Grupo Machline. Produção e execução da empresa Pacheco Fernandes & Dias Carvalho, dos sócios Marinho Pacheco Fernandes e Emidio Dias Carvalho Jr.

- Som Instrumental Digital PRISMA SID: superprodução com César Camargo Mariano e Nelson Ayres, acompanhados de outros músicos excepcionais. Foram realizadas temporadas em vinte cidades. Sucesso de público e de crítica. Uma ação de lazer cultural para fixar a marca junto às classes A e B.

- "Esses empresários audazes e suas máquinas maravilhosas": para a Feira da Informática, foi criada uma atração destinada a atrair a atenção e o interesse do público-alvo da Sid, um diferencial entre os inúmeros expositores. Foi encenado um esquete versando sobre tecnologia e emoção. Direção de Marilena Ansaldi, tendo como apresentador Renato Consorte.

12.

CASES
COM JEITÃO DE CAUSOS

"Canelada" às vezes resolve

Grupo Folha de S. Paulo. Carlos Caldeira Filho era sócio do Frias. Cada um comandava a empresa por um período, com poderes totais.

Figura totalmente diferente do Frias: informal (trabalhava de chinelo), irreverente e desligado. O Frias tinha um Fusca, o Caldeira, um Buick.

Eu estava na sala da presidência (exercida nessa altura pelo Caldeira) e ele disse: "Mario, vai ter uma reunião agora com as lideranças sindicais. Está para estourar uma greve... Uma merda! Vem comigo".

O líder vociferava as suas reivindicações, sob aplausos da galera. O líder do grupo espetou: os Diários Associados, poderoso concorrente da Folha, já haviam feito o acordo.

O Caldeira sentado estava, sentado ficou e com voz pausada liquidou a reunião: "Topo! Desde que vocês recebam o pagamento nas mesmas datas em que os Associados pagam seus funcionários".

Esclarecendo: os Associados já estavam na crise, que culminou com a derrocada final. Os atrasos no pagamento: dois a três meses...

"Você pode escolher a cor desde que seja preto"

(Henry Ford)

Quando os compradores têm diversas alternativas para escolher, cores, por exemplo, pode complicar a compra.

O Romi Isetta oferecia, inicialmente, oito cores. Imaginava agradar aos mais diversos gostos, ampliando o universo comprador. Mas o contato direto com os clientes mostrou o equívoco da decisão: muitas alternativas para um mesmo produto podem postergar o fechamento de um negócio e mesmo a perda.

A compra do carro era assunto de família: pai, mãe, filhos e amigos se reuniam na loja. O excelente time de vendedores, todos isettistas, conseguia convencer os compradores das vantagens. A compra estava resolvida, faltava escolher a cor.

"E a cor?" Cada um queria uma cor: a mulher queria azul claro, a filha, o rosa. O marido decretava: "Não dá para ir trabalhar num carro cor-de-rosa!".

Não chegando a um acordo, pediam tempo: "Iremos decidir em casa, somente a cor". Não voltavam mais...

A Romi resolveu isso limitando a três as cores oferecidas.

Vendeu e não levou.
A revolução que matou a venda

Depois de muitas negociações, concluímos a venda de um grande lote de televisores para a rede de ensino do Ministério de Educação da Bolívia.

Embarcamos para La Paz para assinar o contrato. Levamos material de ensino cedido pela TV Cultura de São Paulo para a TV do Ministério da Educação da Bolívia.

Do aeroporto, fomos para o hotel. Na manhã do dia seguinte, olhei pela janela e vi movimentação de tropas. Estranho. No saguão de entrada do hotel, deparei com sacos de areia fechando as portas e janelas. Fui informado que estava acontecendo uma revolução. Ninguém podia sair.

O hotel, com seus doze andares, dominava a Praça das Embaixadas.

Passei o domingo ouvindo as notícias no rádio e olhando pela janela, ponto privilegiado para acompanhar a revolução. Correrias de tempos em tempos e pessoas apressadas pulando muros das embaixadas, na busca de asilo político.

Aviões militares em voos rasantes, mirando o Palácio do Governo, plantado numa colina distante.

Ao anoitecer, a notícia: o presidente Torres foi deposto e está preso, informava o tonitruante locutor.

Tudo voltou à normalidade.

Na manhã seguinte, com o contrato na mão, encontrei-me com o nosso representante (Morales, Cucho) para saber como ficaria a assinatura com o novo governo.

No caminho para o Ministério da Educação, nova agitação, nova revolução. Próximo ao Palácio do Governo, abaixados fora do carro, assistimos a aviões metralharem o Palácio.

Fomos para a casa do Cucho, o esconderijo mais próximo. No final do dia, a revolução terminou: mais um presidente deposto.

Na quarta-feira, mais uma revolução, terceiro presidente afastado pelas armas. O comportamento do povo nas ruas era de calma. A normalização das atividades era instantânea.

Na Bolívia, naquela época, as revoluções eram como aguaceiro passageiro.

O intervalo entre as revoluções estava mais para estiagem do que para armistício!

O negócio melou!

O torno mecânico
que "vendeu" o vendedor

A empresa Folha de S. Paulo precisava de um torno para a oficina de manutenção. Foi iniciado o trabalho de vendas. Não era um grande cliente (como comprador de máquinas operatrizes), mas era uma grande empresa.

Foi escalado o contato Moisés Gomes.

Seguindo o figurino Romi: visita ao pessoal da manutenção para conhecer as necessidades. O Departamento de Engenharia de Aplicação entra em ação, o grupo de vendas responsável pelo cliente faz o trabalho de profundidade (verticalização) e, como era recomendado, chegou até o presidente Octávio Frias de Oliveira.

Frias era um empresário competente, culto, empreendedor, inovador, antenado. Escutou, fez poucas perguntas sobre a máquina; perguntou muito sobre o "padrão de atendimento Romi", como funcionava, o esquema de remuneração etc. Uma conversa de mais de meia hora: "A compra do torno está autorizada, quero conhecer o responsável pela área comercial".

Não entendi muito: o torno estava vendido, o que o dr. Frias queria comigo?! Fui.

Final de tarde, na sala da presidência. Ele com o seu copo de Chivas Regal.

Uma longa conversa sobre administração, marketing, veículos de comunicação, a empresa Folha, agências de publicidade, política e economia.

Desfecho inesperado, rápido e objetivo: "Vou te contratar". Colocou num papel timbrado a proposta.

Seis meses depois deixei a Romi, prazo combinado com Carlos Chiti como necessário para o meu desligamento.

13.

PALAVRAS FINAIS

Você e suas circunstâncias

A formação começa desde o nascimento: o ambiente em que você viveu a sua infância e juventude, as pessoas com quem você conviveu. Amálgama de experiências, comportamentos, posturas, objetivos de vida, exemplos e relacionamentos.

Depois é com você: estar preparado (estudos) e com garra para ir buscar.

Uma família sempre em ebulição

A hora do jantar era a hora das conversas, presença obrigatória de todos os membros da família.

Meu pai, João Pacheco Fernandes, economista, funcionário de carreira do Banco do Brasil, foi diretor, fundador do Banco Itaú, secretário das Finanças da cidade de São Paulo, secretário da Fazenda do Estado de São Paulo, presidente do Banespa. Liberal, culto e com um imenso círculo de amizades. Pé no chão!

Minha mãe, Maria Dezonne Pacheco Fernandes, escritora, jornalista. Autora do livro *Sinhá Moça*, filme premiado da Cia. Cinematográfica Vera Cruz, duas vezes novela na TV Globo, traduzido para diversas línguas. Criativa desenfreada!

Meu irmão, João Batista, um personagem à espera de um autor. Publicitário, redator premiado. Na mocidade: presidente da Congregação Mariana do Colégio São Luís, presidente da Juventude Comunista, da direção estadual do Partido Comunista. Jogador de futebol: seleção universitária e Portuguesa de Desportos. Vivia no Rio, enturmado com artistas e intelectuais. Nas reuniões de família, o agitador.

Minha irmã Sonia, a caçula, casada com o dr.Waldo Ferraz Costa, meu Google antes de existir o Google. Sabe de tudo... Carinho e as lembranças do passado feliz.

Regina, minha companheira de caminhada nestes últimos 23.360 dias... Responsável – nos casamos com dezoito anos de idade – pela construção deste cara que vos fala. Obviamente, as partes boas... Culta, informada, devoradora de livros. Crítica arguta, com importante participação neste livro.

Gente nova no pedaço

Marinho, filho e amigo, e Cristina, minha nora.

Maria Camilla, filha queridíssima sempre presente e carinhosa, com o Emídio, meu genro, nos apoiando e nos dando segurança.

Cinco netos e 10 bisnetos.

Valeu viver tanto para ter esta família!

Quem não tem ídolos, não tem referências. Eu tenho dezenas...

O relacionamento, patrimônio pessoal, evolui.

Pela vida afora, vamos conhecendo pessoas: no jardim da infância, no colégio, na faculdade, no clube, nas empresas.

Muitos relacionamentos ficam apenas no conhecer, outros se transformam em amizade. Todos se constituem num formidável patrimônio do indivíduo, que será útil (às vezes, decisivo) na vida profissional.

Se conseguirmos criar e manter a imagem positiva de um cara boa praça, inteligente, honesto e trabalhador, passaremos a ter, no mínimo, entrada em muitas empresas.

Patrimônio pessoal, ninguém tasca!

Historinha, Grupo Folha: em empresas de comunicação, jornalismo e propaganda, a matéria-prima principal é a inteligência e a criatividade. A soma das matérias-primas determina a qualidade do produto: jornais, revistas, rádios, televisões, propaganda.

Toda segunda-feira, almoço na sala da presidência. Participantes: Octávio Frias, Samuel Wainer (tinha vendido recentemente a *Última Hora* para o Grupo Folha), Cláudio Abramo, um convidado especial e, modéstia à parte, eu.

Durante mais de duas horas, conversa livre: política, economia, o Brasil e o mundo, arte, marketing, propaganda e gente. Ninguém "solava": todos falavam, questionavam, emitiam opiniões, contavam histórias, passavam experiências, concordavam e discordavam.

Frias, Wainer e Cláudio Abramo, um trio de homens cultos, inteligentes e informados.

Ouvi da boca do Samuel Wainer a história das suas lutas, a inclemente caçada comandada pelo Carlos Lacerda. Suas posições políticas, seu idealismo. Conhecia tudo dos escaninhos da política e dos políticos. Amigo de Getúlio Vargas, muitos amigos e inúmeros inimigos. Testemunha e personagem de um importante período da história do Brasil.

Cláudio Abramo, com convicções de esquerda, jornalista estudioso, culto e brilhante. Um cidadão do mundo! No trajar (curtia sapatos), no físico e na cabeça, um "europeu" de fina estirpe.

Octavio Frias, muito inteligente e perspicaz, provocador e informado. A pessoa certa para comandar uma reunião sem pauta, duelo de inteligências.

Eu, um aluno privilegiado e honrado por participar daqueles encontros.

Última página

Venho de longe. Extensa jornada escalando montanhas, caminhando por planícies, às vezes verdejantes, outras vezes áridas, sol e chuva; observando e aprendendo, recolhendo experiências e ensinamentos.

Encontros e desencontros, sucessos e frustrações.

Ser "especialista em gente" é fundamental, faz a diferença. Se não sou um especialista, sou um estudioso.

"A melhor escola é a vida", perdão pelo sovado lugar-comum.

Quem ficou 25.555 dias na estrada teve bastante tempo para aprender.

Espero continuar na ativa por muitos anos.

Como disse o Chico Anysio:

"Não tenho medo de morrer, tenho pena de não continuar vivo".

FIM

GENTE QUE PARTICIPOU
E PESSOAS CITADAS

Não conhece ou que saber mais sobre gente citada? Veja aqui. Explicação: numa palestra, falei sobre uma entrevista que havia lido do ministro Winston Churchill. Percebi que parte do auditório não sabia de quem se tratava.

Perguntei: "Sabem quem foi o Winston Churchill?".

50 pessoas assistindo. Cinco sabiam quem era e a sua importância na história. 15 tinham alguma ideia. 30 nunca tinham ouvido esse nome.

Com a velocidade das transformações o passado vira passado distante, ontem.

Adalberto Clemente
Industrial, primeiro presidente do Clube do Romi Isetta.
Adoniran Barbosa
Cantor, compositor e ator paulista. Famoso por músicas como *Saudosa Maloca, Trem das Onze, Arnesto, Bom dia Tristeza, Tiro ao Alvaro*. Participou do filme *O Cangaceiro*, de Lima Barreto.
Afonso Antônio Hennel (Cito)
Filho de Afonso Brandão Hennel, neto de Afonso Hennel. Foi presidente da empresa e participou da montagem da Semp Amazonas.

Afonso Brandão Hennel (Afonsinho)
Presidente da Semp Toshiba, autor do livro *Ensina-me a Ensinar*.

Afonso Hennel
Fundador da Sociedade Mercantil Paulista (Semp). Empreendedor, criou a maior fábrica de rádios e televisores do Brasil.

Agostinho dos Santos
Cantor e compositor. Participou do filme *Orfeu do Carnaval* cantando *Manhã de Carnaval* e *Felicidade*. Fez parte do grupo de Bossa Nova que se apresentou no Carnegie Hall em Nova York.

Alberto Ruschel
Ator de cinema, protagonista do premiado e histórico filme *O Cangaceiro*. Isettista praticante.

Alceu Amoroso Lima
(Tristão de Ataíde) Crítico literário, professor, pensador, escritor.

Aldemir Martins
Pintor, expôs em diversas Bienais de São Paulo. Premiado na Bienal de Veneza.

Alex Periscinoto
Publicitário que marcou a história da propaganda no Brasil. Ex-sócio e presidente da Alcântara Machado Propaganda. Escultor, esculpe cavalinhos de carrossel. Nome reconhecido internacionalmente nesse ofício.

Almino Affonso
Advogado, professor, político. Foi ministro do Trabalho no Governo Jango Goulart, exilado no Golpe de 1964.

Alvares Romi
Diretor da Romi, o irmão administrador. Competentíssimo e, como toda a família, gente de primeira.

Ana Maria Nabuco
Atriz de cinema, teatro e televisão, que teve o auge de sua carreira nos anos 1950 e 1960.

Anselmo Duarte
Ator e diretor de cinema. Premiado no Festival de Veneza com o filme *O Pagador de Promessas*. Roteirista, produtor e diretor do filme *Absolutamente Certo*.

Antônio Ermírio de Morais
Industrial, escritor. Presidente do Grupo Votorantim. Um dos mais importantes empresários brasileiros.

Antônio Sergio Giacomini
Engenheiro, consultor de empresas. Foi gerente da Semp, diretor da Gradiente e Bergamo. Ex-sócio e diretor da Pacheco Fernandes Assessoria de Empresas e da Locaset. Grande amigo e companheiro.

Araçari de Oliveira
Atriz, estrela do filme *O Cangaceiro*.

Argene Giovannini Campos
Sócia e administradora da Metalúrgica Nardi, junto com as irmãs Margareth e Silvana.

Argeu Villaça
Ex-diretor do Mappin. Profissional competente, um dos responsáveis pela fase de ouro da empresa.

Arthur Troula
Especializado em mecânica de carros de corrida. Gerente da oficina central do Romi Isetta. Responsável pelas corridas de Romi Isetta. Isettista apaixonado.

Aurélio Teixeira
Ator e diretor de cinema, atuou no filme *Absolutamente Certo*.

Beto Sicupira
Empresário, controlador (por meio da 3G Capital) de várias multinacionais, em sociedade com Jorge Paulo Lemann e Marcel Telles.

Bonadei
Pintor, participante do Grupo Santa Helena, um dos pioneiros da arte abstrata no Brasil.

Brik
Ator. Interpretou o feitor no filme *Sinhá Moça* e participou do filme *O Cangaceiro*, ambos da Vera Cruz.

Caio Alcântara Machado
Empreendedor de sucesso, que começou o negócio de feiras no Brasil. As feiras promovidas por ele trouxeram para o país uma importante ferramenta de marketing para lançamento de produtos e alavancagem de vendas.

Carlos Alberto Souza Barros
Diretor de cinema, roteirista e ator.

Carlos Alberto Torres
Jogador de futebol consagrado, foi o capitão da Seleção Brasileira que se sagrou tricampeã na Copa do México.

Carlos Caldeira Filho
Sócio e diretor do Grupo Folha.

Carlos Chiti
Um dos irmãos Romi, o mais velho. Figura humana maravilhosa, pensador, administrador competente e de visão. Audacioso, criativo e inovador. Chefe e amigo, inesquecível.

Carlos Lacerda
Jornalista, escritor e político. Líder da UDN (União Democrática Nacional). Vereador no Rio, deputado federal e governador da Guanabara.

Carlos Pacheco Fernandes Filho
Engenheiro. Fez parte dos quadros da Romi, meu sócio na representação da Iwerks. Visão macro dos negócios, uma colaboração sempre produtiva.

Celso Furtado
Economista, professor e escritor. Um dos mais destacados intelectuais brasileiros do século XX. Criou a Sudene, no governo JK.

César Camargo Mariano
Compositor, músico, arranjador e regente. Diretor artístico dos Shows Prima.

Chacrinha
José Abelardo Barbosa de Medeiros, nacionalmente conhecido como Chacrinha. O maior comunicador e apresentador de programas de auditório do Brasil.

Chico Anysio
Humorista, escritor, compositor, diretor de cinema, roteirista. Famoso por ter criado enorme galeria de personagens inesquecíveis.

Chris Anderson
Escritor, palestrante e empreendedor norte-americano, criador da teoria da Cauda Longa, autor de livro que se tornou um *best-seller*.

Claudio Abramo
Jornalista, cronista e escritor. Trabalhou nos mais importantes jornais do Brasil, dos quais o último foi a *Folha de S. Paulo*.

Dercy Gonçalves
Atriz, humorista, cantora. Estrela de grandes *shows*.

Dilson Funaro
Empresário, foi ministro da Fazenda no governo Sarney.

Domingos de Souza
Ex-prefeito do Guarujá (SP).

Dorinha Duval
Atriz de cinema e televisão. Participou de filmes da Cia. Cinematográfica
Vera Cruz.

Edson Souza Leão Santos
Economista, presidente do Banco do Estado de Pernambuco e Banco do Nordeste. Teve participação importante na implantação da Rominor. Amigo queridíssimo.

Emídio Dias Carvalho Jr.
Empresário, fundador da Locaset e da Pacheco Fernandes & Dias Carvalho.

Emilio Romi
Fundador das Indústrias Romi, fabricou o primeiro trator o Brasil (Toro) e lançou o Romi Isetta. Figura humana ímpar. Foi prefeito de Santa Bárbara D'Oeste (SP).

Ethevaldo Siqueira
Jornalista, comentarista da Rádio CBN. Escreveu, entre outros, o livro *Para Compreender o Mundo Digital.*

Fabiana Lopes Pinto
Advogada, sócia do escritório Lopes Pinto, Nagasse e da Lut Leilões.

Fabio Brandão
Engenheiro, foi da área de produção da Johnson & Johnson e Semp, da área comercial da Editora Abril e Cargill. Amigo e parceiro em diversos momentos.

Federico Fellini
Um dos mais importantes cineastas italianos.

Fernando Lucchese
Professor da UFRGS.

Fitz Otis
Vice-presidente da Iwerks, empresa fabricante de simuladores e cinemas 3D para parques de diversão.

Francisco Britto
Jornalista, publicitário. Autor do livro *Empreendedor ou Executivo – quem nasceu pra quê?*

Fuad Issa
Engenheiro. Gerente de produção na Litográfica Ipiranga e Semp. Sócio-diretor de uma importante multinacional (Espanhola) de projetos e construção. Virtualmente tomamos chimarrão todos os dias.

Gabriel García Márquez
Considerado um dos mais importantes escritores do século XX.

Getúlio Vargas
Advogado, líder político. Participou da Revolução de 1930, que acabou com a Velha República. Foi ditador, criou a primeira legislação trabalhista. Presidente da República de 1930 até 1945 e de 1951 até 1954.

Gilberto Valladão
Administrador de empresas. Companheiro na Romi e na Metalúrgica Nardi. Amigo sempre presente.

Giordano Romi
Diretor da Romi, responsável pelo desenvolvimento das máquinas-ferramenta. Reconhecido internacionalmente.

Helio Eichbauer
Cenógrafo brasileiro de renome internacional.

Henry Ford
Empresário americano que fabricou o primeiro carro (Ford Bigode) e criou a primeira linha de montagem industrial em série.

Hiçao Misawa
Engenheiro. Iniciou a carreira de sucesso na Romi, como pesquisador. Chegou a diretor comercial. Desde mocinho pintava como um excelente profissional, sou testemunha.

Hugo Bethlem
Ex-superintendente do Hopi Hari, responsável pela implantação. Ex-diretor do Grupo Pão de Açúcar. Atualmente diretor da A10 Private Equity e CEO da Quase Pronti.

Hugo de Almeida
Engenheiro. Foi diretor da Sudene e superintendente da Suframa.

Ibraim Sued
Colunista social, criador da expressão "Café Society", para designar as badalações das *socialites*.

Ignacio de Loyola Brandão
Jornalista, escritor e colunista do jornal *O Estado de S.Paulo*. Anteriormente trabalhou no jornal *Última Hora*. Ganhou o premio Jabuti, no ano 2000.

Iris Castelani
Bailarina, participou do Balé do VI Centenário. Isettista,

Jack Welch
Ex-presidente da GE. Principal responsável pela transformação da empresa. Palestrante e autor do livro *Jack Definitivo*.

Jairo Ramalho
Diretor da Romi e da Semp Toshiba. Uma das pessoas mais criativas que conheci. Amigo fraterno.

Jango Goulart
Advogado e político, ligado a Getúlio Vargas. Foi o 24º presidente do Brasil (1961-64), deposto pelo golpe militar. Exilado no Uruguai, onde faleceu.

Jim Collins
Consultor norte-americano, especialista em gestão, autor do prefácio do livro *Sonho Grande*, sobre Jorge Paulo Lemann, Marcel Telles e Beto Sicupira.

João Bosco Santos
Profissional de vendas. Ex-diretor de suprimentos da Eletro Radio Brasil e do Pão de Açúcar. Diretor comercial da Bergamo. Uma máquina para trabalhar. Amigo, sempre.

João Gilberto
Cantor, compositor, músico e arranjador. Criador da Bossa Nova, considerado um gênio e lenda da música popular brasileira.

Joe Marconi
Escritor e consultor de marketing, conduz seminários e é colaborador de importantes jornais e revistas, nos Estados Unidos.

Joelmir Beting
Jornalista, sociólogo. Manteve colunas diárias nos jornais *O Globo*, *Folha de S. Paulo* e *O Estado de S. Paulo*. Integrou a redação do *Jornal Nacional*, da TV Globo.

John Kotter
Escritor, professor. Formado na Universidade de Harvard.

Jorge da Silva Prado
Empresário, grande nome da sociedade paulista, foi empreendedor imobiliário no Guarujá, onde fundou o Hotel Jequitimar.

Jorge Paulo Lemann
Empresário, controlador (por meio da 3G Capital) de várias multinacionais, em sociedade com Beto Sicupira e Marcel Telles.

José E. Mindlin
Advogado, empresário e bibliófilo. Doou sua importante biblioteca para a USP.

José Galló
Presidente da cadeia de lojas Renner, recuperou a empresa e foi responsável pela sua enorme expansão. Foi diretor da Incosul, rede de lojas no RS e SC.

Josino Dezonne
Profissional competente e determinado. Representante (Rio Grande do Sul) comercial da Romi, Bergamo e Semp. Criou a expressão "Gente faz a diferença". Amigo com "A" maiúsculo!

José Tavares de Miranda
Jornalista e escritor, foi colunista social de grande prestígio, mantendo uma coluna por mais de 40 anos na *Folha de S. Paulo*.

Juscelino Kubitschek
Presidente do Brasil (1956-61), médico, oficial da Polícia Militar. Foi prefeito de Belo Horizonte. Construiu Brasília, implantou a indústria automobilística e naval. JK, como é conhecido, foi sem dúvida um grande presidente.

Leina Nagasse
Advogada, sócia do escritório Lopes Pinto, Nagasse e da Lut Leilões.

Leo Munari
Advogado, professor na Universidade Mackenzie. Foi delegado do Trabalho em São Paulo, no Governo Jango Goulart. Exilado no Golpe de 64.

Luciano Saboia Filho
Diretor da EAESP-FGV. Autor do livro *Marketing de Vantagem Competitiva*.

Luiz Aratangy
Profissional competente e realizador. Carreira na Romi: vendedor de Romi Isetta, contato, chefe de grupo e gerente da área de máquinas. Depois, foi da Litográfica Ipiranga. Amigo e companheiro de toda a vida.

Luiz Carlos de Atonguia
Responsável pela venda de disponibilizados da Votorantim Metais.

Marcel Telles
Empresário, controlador (por meio da 3G Capital) de várias multinacionais, em sociedade com Jorge Paulo Lemann e Beto Sicupira.

Marcio Santoro
Publicitário, copresidente e fundador da Agencia África e sócio da ABC, maior *holding* de comunicação da América Latina.

Marcos Antônio De Marchi
Foi responsável pela Rhodia na América Latina. Iniciou como estagiário.

Marco Antônio Moura de Castro
Administrador de empresas, FGV. Companheiro na Bergamo e presidente da Magic Screen. Consultor de empreendimentos. O cara que faz acontecer...

Margareth Giovannini
Sócia e administradora da Metalúrgica Nardi, junto com as irmãs Argene e Silvana.

Marilena Ansaldi
Bailarina, coreógrafa, autora, produtora. Foi primeira bailarina do Teatro Municipal de São Paulo.

Marjory Prado
Grande nome da sociedade paulista, casada com Jorge da Silva Prado.

Marty Neumeier
Presidente da Neutron LLC (EUA), empresa de construção de marcas e marketing integrado. Autor do livro *Zag – A Estratégia Número 1 das Marcas de Sucesso*.

Mauricio Nabuco
Ator de cinema.

Michelangelo
Pintor, escultor, poeta e arquiteto italiano, considerado um dos maiores criadores da arte no mundo.

Miguel Keremian
Engenheiro, consultor de empresas. Ex-gerente da Semp Toshiba, responsável direto pela implantação da Semp Manaus, e ex-diretor da Bergamo. Ex-gerente de planejamento da Gradiente. Amigo sempre presente e ao meu lado. Participação importante neste livro.

Milton Morais
Ator de cinema, teatro e televisão.

Moisés Golombeck
Companheiro na Romi, participando ativamente das promoções no Nordeste. Competente e amigo.

Moisés Prudêncio da Silva Gomes
Contato de vendas nas Indústrias Romi. Gerente de Grupo.

Negrão de Lima
Político, foi governador do estado da Guanabara (1965 até 1970).

Nelson Ayres
Compositor, músico, arranjador. Uma das estrelas do Show Prisma.

Nelson Rodrigues
Escritor, jornalista. Colunista nos mais importantes jornais do Brasil. Dramaturgo, revolucionou o teatro brasileiro com a peça *Vestido de Noiva*.

Nelson Teixeira
Ex-diretor da Votorantim Metais. Importante quadro do grupo.

Nestor Bergamo
Fundador da Bergamo. Montou a mais moderna fábrica de móveis do Brasil na época. Empreendedor e de garra a toda prova. Figura humana de primeira.

Nicholas Carr
Escritor, professor. Indicado para o Prêmio Pulitzer, não ficção.

Nilo Coelho
Governador de Pernambuco, presidente do Senado. Fortaleceu as ações para levar indústrias do sul do Brasil para o estado. Apoiou a implantação da Rominor em Recife.

Niomar Moniz Sodré
Empresária, jornalista, foi presidente do MAM – Museu de Arte Moderna do Rio.

Normann Kestenbaum
Consultor de empresas, palestrante. Ex-diretor da Bergamo, importante companheiro na recuperação da empresa. Autor do livro *Obrigado pela Informação que você não me deu*.

Octávio Frias de Oliveira
Presidente do Grupo Folha. Modéstia à parte, foi meu chefe.

Odete Lara
Atriz e jornalista. Manteve uma coluna no jornal *Última Hora*. Estrelou o filme *Absolutamente Certo*. Participou de diversos eventos do Romi Isetta.

Oltem Ayres de Abreu
Advogado, polêmico juiz de futebol.

Paul Krugman
Economista norte-americano, ganhador do Nobel de Economia.

Paulo Egydio Martins
Empresário, ex-ministro da Indústria e Comércio, ex-governador de São Paulo.

Paulo Guerra
Governador de Pernambuco. Incentivador da industrialização do estado. Montou o Escritório de Pernambuco em São Paulo.

Philip Kotler
Professor emérito de marketing na Kellogg Graduate School of Management, na Northwestern University, Chicago. Autor, entre outros, dos livros *Como Criar, Conquistar e Dominar o Mercado e Marketing para o Século XXI*.

Polia Lerner Hamburger
Professora da FGV, São Paulo. Participou, orientando, da implantação do marketing na Romi.

Porfírio da Paz
General, foi vice-governador de São Paulo e diretor do São Paulo Futebol Clube.

Raul Corte
Consultor de empresas e empresário. Excelente profissional. Ex-MPM Propaganda, Coral, Editora Abril e Bergamo.

Renato Consorte
Ator de cinema, televisão e teatro. Participou de inúmeros eventos da Romi e da Bergamo. Inesquecível companheiro e amigo.

Rino Levy
Arquiteto de renome internacional. O prédio do MAM – Museu de Arte Moderna (Rio) é um dos seus projetos.

Roberto Civita
Empresário e jornalista. Presidente da Editora Abril, diretor de redação da revista *Veja*. Ação inovadora e marcante nas áreas de comunicação, informação e cultura.

Roberto Duailibi
Publicitário. Sócio fundador de uma das mais importantes agências de propaganda do Brasil, a DPZ. Profissional diversas vezes premiado em Cannes.

Roberto Roxo
Engenheiro, diretor do Mappin. Sócio da Vip Shop.

Romeu Romi
Engenheiro, o mais moço dos irmãos Romi. Foi diretor de Produção da Romi. Participa do Conselho da Romi.

Ruth de Souza
Atriz de cinema e televisão, indicada para o Leão de Ouro no Festival de Veneza pela sua interpretação no filme *Sinhá Moça*.

Samir Razuk
Diretor comercial da Rádio Bandeirantes.

Samuel Wainer
Jornalista, fundador do jornal *Última Hora*. Amigo pessoal de Getulio Vargas, participou ativamente da política. Vendeu seu jornal para o Grupo Folha e passou a colaborar com a *Folha de S. Paulo*.

Sidney Ito
Diretor da KPMG.

Silvana Giovannini Bercht
Sócia e administradora da Metalúrgica Nardi, junto com as irmãs Argene e Margareth.

Silveira Sampaio
Médico, escritor, dramaturgo, jornalista e apresentador de televisão, foi o responsável pelo primeiro *talk show* no Brasil.

Simon Aluan
Foi presidente do Ponto Frio.

Steve Jobs
Fundador e CEO da Apple até o seu falecimento.

Tom Peters
Engenheiro, professor e escritor. Autor de *Vencendo a crise*.

Tony Cruz
Diretor da Atento Brasil.

Vampeta
Jogador de futebol, inclusive da Seleção Brasileira.

Vanja Orico
Atriz, cantora e compositora. Participação marcante no filme *O Cangaceiro*, interpretando a canção de sucesso *Mulher Rendeira*.

Washington Olivetto
Profissional de propaganda de renome internacional. Criou campanhas memoráveis para jornais, rádios e televisão. O mais premiado no Festival de Cannes. Quem não se lembra do "Primeiro Soutien"?

Winston Churchill
Político conservador, estadista britânico, famoso por sua atuação como primeiro-ministro do Reino Unido durante a Segunda Guerra Mundial.

Xando Batista
Ator de cinema. Participou do filme *O Cangaceiro*.

BIBLIOGRAFIA

A lista abaixo não é uma bibliografia convencional. Envolve apenas as obras de onde foram extraídos trechos e ideias citados neste livro.

Aprendi com muitos outros autores ao longo da vida, e o que escrevi reflete isso de alguma forma. Mas não faria sentido compilá-los aqui: este não é um livro acadêmico, mas o relato do que aprendi na minha trajetória e que considero que possa ser útil para alguns leitores.

- Afonso Brandão Hennel: *Ensina-me a Ensinar*
- American Marketing Association: *Marketing em momentos de crise*
- Chris Anderson: *A Cauda Longa*
- Ethevaldo Siqueira: "Vale a pena gastar tanto em tecnologia?" (artigo em *O Estado de S.Paulo*, 15/11/2009)
- Jack e Suzy Welch: *Paixão por Vencer*
- Joe Marconi: *Marketing em Momentos de Crise*
- Luciano Sabóia Filho: *Marketing de Vantagem Competitiva*
- Marty Neumeier: *Zag, A Estratégia Número 1 das Marcas de Sucesso*
- Mitsuru H. Yanase: *Marketing & Comunicação*
- Normann Kestenbaum: *Obrigado pela Informação que você não me deu!*
- Philip Kotler: *Como Criar, Conquistar e Dominar Mercados*

Crédito das Imagens

As imagens utilizadas neste livro foram produzidas, em sua maioria, pelas empresas em que o autor trabalhou. Não foi possível, em muitos casos, encontrar a autoria de fotografias, por isso teremos prazer em creditar os autores em uma próxima edição, caso se manifestem.

A fotografia da página 30 pertence ao arquivo pessoal do autor.

As imagens mostradas nas páginas 101, 113, 114, 115, 117, 118, 123, 126, 132 e 134 pertencem ao acervo da Fundação Romi. Agradecemos à equipe da Fundação pela presteza e eficiência com que atendeu as nossas solicitações.